Wildes Naturhandwerk

Sabine Simeoni

Wildes Naturhandwerk

Werken, Pflanzenwissen und Wildkräuterküche mit Kindern im Jahreskreis

at VERLAG

Für Levin, Livia, Joshua und Mia

Inhalt

Herbst

Winter

Wieder in der Natur heimisch werden

»Die natürliche Welt fördert die Selbstverwirklichung deshalb so sehr, weil die Natur selbst völlig verwirklicht ist.«
Warren Moon

Die meisten Lern- und Spielerfahrungen unserer Kinder sind heute vorgefertigte Beschäftigungen in einem genau definierten Umfeld. Freies Spiel und Erfahrungen in der Natur sind aber ein elementares Urbedürfnis und Voraussetzung für eine gesunde Entwicklung des Kindes.

Von einer naturnahen Lebensweise lernen für eine glückliche Zukunft

Der Mensch hat die längste Zeit seiner Existenz in einer engen Verbindung mit der Natur gelebt. In Jäger- und Sammlergemeinschaften folgte er dem Rhythmus der Jahreszeiten, und durch eine starke Naturverbindung wurde sein Überleben gesichert. Unsere Gehirnmuster wurden während einem Großteil der menschlichen Entwicklung darauf trainiert, die natürliche Welt, also unser Lebensumfeld, mit höchster Aufmerksamkeit wahrzunehmen. Heutzutage ist unsere Aufmerksamkeit auf andere Dinge gerichtet, und dementsprechend bilden sich unsere Gehirnmuster aus. Es ist mittlerweile neurobiologisch belegt, dass alles, worauf der Fokus im Leben gerichtet ist, auch Geist, Seele und Körper beeinflusst, weil unsere Zellen auf Informationen reagieren. Alle Reize von außen und damit verbundene Gedanken, Gefühle und Interaktionen treten mit unserem innersten Kern in Resonanz.

»Die natürliche Aufmerksamkeit und achtsame Wahrnehmung werden unsichtbar gelenkt, verändern damit die Sicht auf die Welt, und infolgedessen werden neue Gehirnmuster ausgebaut. Die Dinge, denen wir unsere Beachtung widmen, prägen das Denken, Handeln und dadurch Gesundheit und Wohlbefinden.«
Prof. Dr. Gerald Hüther, Akademie für Potenzialentfaltung

Die Urbedürfnisse unserer Kinder haben sich seit der Steinzeit nicht verändert. In allen natürlichen Stammesgemeinschaften lernten Kinder nicht durch Unterricht, sondern durch Nachahmung, sinnliche Wahrnehmung und im freien Spiel. Diese Methode funktionierte über Tausende von Jahren mit Erfolg. Untersuchungen, Erkenntnisse und Projekte zahlreicher wissenschaftlicher Studien und praktische Erfahrungen verdeutlichen, dass Lernen am besten durch ursprüngliches Erleben erfolgt.

Begegnen wir also unseren Kindern wieder kindgerecht und begleiten sie mit Bedacht in ein selbstbestimmtes und glückliches Leben, indem wir sie unterstützen und bereit sind, von ihnen zu lernen. Das ermöglicht es Kindern, Respekt und Empathie zu entwickeln.

Die Natur unserer Kinder

Sollten wir uns etwa zu Menschen entwickelt haben, die die Naturerfahrung nicht mehr brauchen? Das »Natur-Defizit-Syndrom«, wie es der amerikanische Autor Richard Louv in seinem Buch »Das letzte Kind im Wald« nennt, das Nichtkennen des natürlichen Umfeldes und der veränderlichen Zeiten des Jahreskreises sowie Ängste vor Begegnungen und Berührungen in der Natur geben eine klare Antwort. In fast allen Ländern der Erde erkennen Wissenschaftler, Ärztinnen, Pädagogen und Eltern: Natur ist ein essenzieller Nährstoff für die Gesundheit eines jeden Menschen. Durch die Verbannung der Natur aus unserem täglichen Leben entfremden wir uns von ihr und somit von uns selbst.

Wie passt das menschliche Urprogramm in unsere heutige Zeit?

Kinder verfügen über einen angeborenen Wissensdrang, sie sind von Natur aus Erforscher und Entdecker und tragen einen riesigen Schatz an Fantasie in sich. Kinder sind von Natur aus Meister der Achtsamkeit, Ausdauer und Begeisterung. Wir alle kommen mit diesen Eigenschaften auf die Welt. Ein Kind unterscheidet nicht zwischen Spielen und Lernen, es bildet mit dem Tun ein Ganzes und fühlt sich eins durch Aktion und Reaktion.

Bereiten wir also wieder Räume für unsere Kinder, in denen sie die natürliche Welt erfahren und ihre persönlichen Gaben, die sie ins Leben mitgebracht haben, entfalten können.

»Unsere Aufgabe ist es, den Kindern den Raum für ihre Sinneserfahrungen zu geben und das aufzugreifen, was sie mit all ihren Sinnen erleben wollen.«
Rudolf Hettich

Eltern und Lehrern soll gezeigt werden, dass es keine langwierigen Vorbereitungen, keinen großen Kostenaufwand und immensen Zeitaufwand braucht, mit Kindern kreativ, natürlich und nachhaltig gemeinsam Zeit zu verbringen und zu lernen.

Um ganzheitliche Naturerfahrungen zu machen, ist es wichtig, nicht nur viel aus Büchern über die Natur und ihren Lebensraum zu erfahren, sondern sie mit allen Sinnen zu erspüren. Das lässt sich verdeutlichen am Beispiel der Pflanzenwelt. Werden Kinder auf eine bestimmte Blume aufmerksam, beginnen sie, sich für diese Blume zu interessieren. Sie betrachten sie genau; ihr Aussehen, die Farbe, die Form, die Struktur, der Geruch und vielleicht der Geschmack geben Signale an das kindliche Gehirn. Alle Sinne werden aktiviert: Sehen, Tasten und Fühlen, Riechen, Schmecken und Hören.

Begleiten wir Kinder dabei aufmerksam und greifen nicht ungeduldig in das kindliche Entdecken ein, entstehen im Gehirn des Kindes und vor seinem geistige Auge ökologische Vernetzungen, und es findet erfahrungsbasiertes Lernen statt. Durch den angeborenen Wissensdurst und viel praktisches Begreifen wird eine direkte Beziehung zum Netz der Natur aufgebaut.

Die unbeschwerte Entdeckung der Tier- und Pflanzenwelt wird zu einem spannenden Erlebnis für Kinder, und das Eintauchen in die spielerischen Tätigkeiten des wilden Naturhandwerks führen zu einer ganzheitlichen Naturverbindung. Für ein Kind bekommen Tätigkeiten, die aus dem natürlichen Umfeld heraus entstehen, eine tiefe und prägende Bedeutung. Aus diesen elementaren Erfahrungen schöpfen Kinder ein Leben lang.

Eine mit Begeisterung und ungestörter Hingabe ausgeübte Tätigkeit hat eine nachhaltige Wirkung auf das kindliche Gehirn.

Gelassene Naturverbindung:
- *Einmal am Tag bewusst eine Pflanze beobachten oder einem bestimmten Vogel Aufmerksamkeit schenken.*
- *Einmal in der Woche ein Naturhandwerksstück zur Hand nehmen und es weiter bearbeiten, verfeinern oder benutzen.*
- *Einmal im Monat mit anderen Menschen zusammen eine neue Idee verwirklichen, eine Wanderung machen oder sich zum Jahreskreisfest treffen.*
- *Einmal im Jahr eine Nacht draußen im Wald verbringen, sich sein Essen in der Natur suchen oder ein größeres Handwerksprojekt in der Natur umsetzen.*

Kinder brauchen viele Gelegenheiten, ihren überfüllten Alltag zu verlassen, und wenn sie Zeit und Raum bekommen, sich diesen ganzheitlichen Sinneserfahrungen hinzugeben, nehmen sie ihre innere Stimme wahr und lernen sie zu beachten. Unsere Aufgabe als Eltern, Mentorinnen und Kinderbegleiter ist es, diese natürliche Gabe des Kindes, an die es durch die Wahrnehmung der inneren Stimme geführt wird, zu unterstützen, zu fördern und ihm zu helfen, sein Potenzial mit Begeisterung zu entfalten.

Dieses Buch möchte dazu beitragen, Wege und Methoden aufzuzeigen, wie Naturverbindung mit einfachen Mitteln, ohne großen zeitlichen und finanziellen Aufwand wertvolle Momente schenken kann, an die man sich ein Leben lang erinnert. Die Rückbesinnung auf natürliche Lebensrhythmen und Erinnerungen an Erlebnisse und Erfahrungen, die ohne ergebnisorientiertes Konkurrenzdenken gemacht werden, stärken die Fähigkeit, mit Krisen umzugehen und den Anforderungen der Gesellschaft standzuhalten. Eine starke Resilienz entwickelt sich zur Lebensbewältigung.

Ich spreche Eltern und Kinder in gleicher Weise persönlich an, um ein gemeinsames Arbeiten mit diesem Buch zu ermöglichen. Die Beschreibungen zu den einzelnen Naturhandwerkstätigkeiten richten sich speziell an die Kinder, damit die Anleitungen gemeinsam gelesen werden können und sich auch kleinere Kinder beim Vorlesen persönlich angesprochen fühlen.

Ich wünsche mir, mit diesem praktischen Buch allen Lesern die Scheu davor zu nehmen und einen Anfang zu wagen, durch elementare Erfahrungen – wie sich mit der Natur verbunden zu fühlen, etwas zu lieben und Dinge einfach mit Leidenschaft, Freude und in Freiheit zu tun – den eigenen intuitiven Wesenskern zu entfalten.

Weitere Informationen zu den Projekten finden Sie unter:
https://simeoni.de/wildesnaturhandwerk

Herzensbildung und Kernrituale im Jahreskreis

Einer der Begründer der Wildnisbewegung in den USA, Jon Young, bezeichnet die Kernrituale als Herzstück seiner Lerntechniken, der auf dem Wissensschatz nativer Völker beruhenden »Art of Mentoring«. Er hat seine Lernmethoden in dem Buch »Mit dem Coyote-Guide zu einer tieferen Verbindung zur Natur. Grundlagen der Wildnispädagogik« veröffentlicht. Dieses Naturmentoring verwendet keine hierarchischen Strukturen, wie in einem gewöhnlichen Lehrer-Schüler-Verhältnis üblich, sondern stellt das Miteinander- und Voneinander-Lernen in den Vordergrund.

Alle Kernroutinen und die Herzensbildung, die ich hier aufgreife, sind Empfehlungen und sollen nicht als Aufgaben verstanden werden, die zu erledigen sind, abgetrennt von unserem menschlichen Wesen; sondern sie betreffen einen Wesenskern, der in jedem von uns angelegt ist und durch das praktische Tun wieder hervorgeholt werden kann.

Beobachten und Fragen stellen

Indem ich ihnen Zeit einräume zum **Beobachten und Fragenstellen,** ermutige ich Kinder, die Geheimnisse der Natur zu erforschen. Ihre kindliche Neugierde wird aktiviert und nicht durch schnelle Antworten im Keim erstickt, bevor sich eine Begeisterung entwickeln kann. Dabei fordere ich sie auf, ihre fünf Sinne einzusetzen, zu hören, zu schauen, zu fühlen, zu riechen und zu schmecken. In dieser Art inspiriert man Kinder zu handwerklichen Tätigkeiten und fördert ihre Eigeninitiative zum Tun.

Fuchsgang und Eulenblick

Ein großer Spaß für Kinder und Erwachsene ist es, im **Fuchsgang mit Eulenblick** durch Wälder und Wiesen zu streifen. Es wird zum vergnüglichen Spiel, wenn die Gruppe sich zu Anfang bemüht, ganz bewusst zu gehen und zu schauen und binnen Sekunden in den gewohnten »Galopp« verfällt. Umso größer die Freude, wenn dann jemand doch ganz sanft und lautlos über den Waldboden schleicht und unerwartet einem Reh gegenübersteht. Oder wenn aus den Augenwinkeln im Eulenblick erst schleierhaft und dann plötzlich mit geschärftem Blick ein sich duckendes Häschen im hohen Gras wahrgenommen wird. So kann spielerisch Material gefunden werden, aus dem sich dann etwas Schönes herstellen lässt.

Umherstreifen in der Natur, Tiere beobachten und die Geschichte des Tages

Das ziellose **Umherstreifen in der Natur** ist für Kinder immer ein besonderes Erlebnis, denn es entspannt sie sofort und bringt sie in eine ruhige, harmonische Stimmung. Unstruk-

»Die gegenwärtige Kultur belässt die Menschen im Zweifel an ihren eigenen Fähigkeiten. Kurioserweise stellt man nicht die Institution infrage, sondern das Kind – und prägt damit sein ganzes Leben, seine Einstellungen, seinen Status, sein Selbstvertrauen, seinen Mut zur Kreativität.«

André Stern

Vögel lassen sich vor der Haustüre im ganzen Jahreslauf beobachten. Kinder sind gerne mal eine Zeitlang still und hören den Gesängen der Vögel zu. Dabei kommt es nicht darauf an, Vogelarten zu bestimmen, viel spannender ist es, ihnen zuzuhören. Singt der Vogel entspannt sein Liedchen, oder sendet er ein Signal aus, auf das in der Umgebung ein anderer

Der Fund eines jungen Rehkitzes wirft Fragen auf: Warum liegt es hier allein? Wo ist seine Mutter? Ist es gesund oder vielleicht krank? Wie verhalten wir uns?

turiertes Umherwandern nimmt die Kinder aus dem schnelllebigen Alltagsgeschehen heraus und lässt sie wieder ganz bei sich ankommen. Ohne Plan und Erwartungen hinaus in den Wald oder nur in den eigenen Garten zu gehen, lässt uns oft die wundervollsten Entdeckungen machen. Das Umherstreifen in einer Gruppe lässt Kinder intensiv das Gefühl von Gemeinschaft spüren und sich für die Interessen anderer öffnen. Die achtsame Verlangsamung der Bewegung steht im Gegensatz zu unserem Alltagstempo, und wenn die Sinne durch die Ruhe voll aktiviert sind, fördert dies die Wahrnehmung und Intuition der Kinder. Die Aufmerksamkeit wird auf das gerichtet, was uns die Natur lehren möchte.

Fuchsgang und Eulenblick

Schleichen wie ein Fuchs und schauen wie eine Eule ist eine ganz einfache Methode, um achtsam und mit wachen Sinnen durch die Natur zu gehen.

Im Fuchsgang tritt man fast geräuschlos auf, indem ein Fuß nach dem anderen jeweils von hinten seitlich nach vorne abgerollt wird. Eine Gangart der früheren Jäger, die sich mit Pfeil und Bogen so nah wie nur möglich an die Beute heranschleichen mussten, um sicher zu treffen. Der Eulenblick verändert unsere fokussierte Alltagssichtweise in einen 180-Grad-Blick.

Für den Eulenblick stelle dich aufrecht hin und strecke beide Arme mit geschlossenen Händen und nach oben gestreckten Daumen nach vorne aus. Richte deinen Blick auf die aufgestellten Daumen, die du mit ausgestreckten Armen nun gleichzeitig zu beiden Seiten bewegst. Der Kopf bleibt gerade nach vorne gerichtet, und nur deine Augen versuchen, die Hände im Blick zu halten. Wenn du deine Hände rechts und links gerade noch wahrnehmen kannst, senke die Arme und versuche nun, mit diesem Blick durch die Natur zu gehen. Anfangs wird sich dein Blick immer wieder fokussieren, dann bleibe stehen und mache die Eulenblickübung erneut.

Ein Redekreis stärkt die Gemeinschaft und verbindet.

Die **Geschichte des Tages im Kreis der Familie** wird zur Abenteuererzählung, und alle Zuhörer können am Erlebten teilhaben. Während Kinder Geschichten erzählen, wird das Erlebte nochmals durchlebt und somit verarbeitet. Durch das Teilen in der Familie oder der Gemeinschaft entstehen Bezugspunkte zueinander, und die Verbindung mit der Natur wird erneut lebendig. Geschichten inspirieren, und Kinder lieben es, Geschichten zu hören.

reagiert? Wie verhalten sie sich im Frühling, Sommer, Herbst und Winter? Was verändert sich in der Vogelwelt? Wie fliegt der Vogel am Himmel? Imitiere gemeinsam mit anderen das Fliegen des Vogels.

Andere Tiere des Waldes zu beobachten, erfordert schon ein wenig mehr Geschick und auch eine Portion Glück. Deshalb ist es für Kinder umso spannender, wenn sie sich anschleichen und pirschen oder am geheimen Sitzplatz eine Begegnung mit Tieren erleben.

Großen Spaß macht es, Tiere nachzuahmen. Dabei werden die Kinder zum Tier: reiben sich an Bäumen und grunzen wie Wildschweine oder ducken sich wie Hasen im Feld, schlagen mit den Schwingen wie ein Bussard oder springen leichtfüßig wie ein junges Reh über die Wiese. Tierformen spielerisch zu üben, ist nicht nur eine sinnvolle Körperarbeit, es lehrt die Kinder auch, sich lautlos und aufmerksam in der Natur zu bewegen. Viele Bewegungsformen sind durch die intensive Beobachtung von Tieren in der freien Wildbahn entstanden. Auch ein großer Teil der Yogaübungen wurde so entwickelt. Das Üben und Entwickeln von tierischen Bewegungsformen ist eine schöne Möglichkeit, den eigenen Körper zu spüren und wahrzunehmen.

Redekreis

Der Redekreis ist auch ein Zuhörkreis und schafft einen kraftvollen Raum für Verbindung und Gemeinschaft. Die Regeln für einen gelungenen Redekreis sind einfach, erfordern aber zu Anfang ein wenig Übung, denn diese Art der Kommunikation erfordert auch, sich zurückzunehmen. Ein Stab oder Stein wird im Kreis herumgereicht. Es spricht derjenige, der den Redegegenstand in den Händen hält.
Er spricht von Herzen über sein Anliegen und hält sich kurz, alle anderen hören zu, ohne zu kommentieren, zu debattieren oder zu urteilen.
Wer spricht, erzählt nur von sich, was ihn bewegt und was für ihn wichtig ist.
Die Basis sind Respekt, Authentizität und Empathie.
Jeder bekommt die gleiche Sprechzeit.
In unseren Kindergruppen ist der Redekreis ein mächtiges Werkzeug, um jeden Einzelnen dort abzuholen, wo er gerade steht. Die Kinder entwickeln ein feines Gespür im Umgang miteinander, üben Achtsamkeit, erleben sich als ein Teil des Ganzen und erfahren dadurch Selbstwirksamkeit.

In einer Gruppe gibt es immer Kinder, die anfänglich zögern, ihre Geschichten zu teilen, das ist völlig in Ordnung. Meine Erfahrung zeigt aber, dass die regelmäßige Routine, im Kreis zusammenzukommen und seine Geschichte zu erzählen, nach kurzer Zeit auch die verschlossensten Kinder zum Erzählen bringt. Diesen Kindern hilft ein Gegenstand, den sie im Wald gefunden haben, sehr, denn sie können Bezug nehmen auf das, was sie in ihren Händen halten, und darüber erzählen.

Geheimer Sitzplatz

Die Ergänzung zum Geschichtenerzählen ist der **geheime Sitzplatz.** Ein magisches Versteck, abgelegen in einem Winkel des Gartens, im Wald oder auch im eigenen Baumhaus, gehört für viele Erwachsene zu einer der schönsten Kindheitserinnerungen. Aber auch von einem Platz auf dem Balkon kann man den Sonnenaufgang, das Gezwitscher der Vögel am Morgen oder die Sterne am Nachthimmel beobachten und so eine Verbindung zur natürlichen Umwelt aufbauen. Kindern bereitet es unerschöpfliches Vergnügen, einen geheimen Sitzplatz zu suchen, diesen nach eigenen Vorstellungen einzurichten, ihn auszustatten und zu dekorieren.

Naturtagebuch

Ereignisse und Beobachtungen zu malen, zu zeichnen oder in einem Tagebuch aufzuschreiben, ist für Kinder eine ihrer Lieblingsbeschäftigungen. Ein **Naturtagebuch** kann für jedes

Die Natur bietet Anlass und Raum für eine Vielfalt an Tätigkeiten und Erfahrungen.

Kind einen ganz eigenen Charakter haben. Es gibt Kinder, die gerne und exakt Pflanzen und Tiere malen, Entwürfe skizzieren, und andere, die lieber gesammelte Blätter von Pflanzen einkleben oder kleine erfundene Geschichten aufschreiben. Ein eigenes Naturbuch zu gestalten, lässt Kinder das Erlebte vertiefen, verarbeiten und schult ihre Vorstellungskraft und Intuition.

Natursammlung

Kinder sind von Natur aus Sammler. Federn, Knochen, Steine, Blätter und andere Fundstücke aus der Natur, die an einem besonderen Ort aufbewahrt werden können, um sie immer wieder zu betrachten oder für das Naturhandwerk zu verwenden, motivieren Kinder und stecken meist voller schöner Erinnerungen.

Danksagung

»Erde, die uns dies gebracht, Sonne, die es reif gemacht, liebe Sonne, liebe Erde, euer nie vergessen werde.«

Dieser kurze Danksagungsspruch drückt in einfachen Worten die Dankbarkeit gegenüber der natürlichen Welt, unserem Planeten Erde aus.

Ich erzähle Kindern gerne von dem Brauch des Stammes der Mohawk-Indianer, die immer, wenn sie zusammenkommen, vor Unterrichtsbeginn in der Schule, vor dem Essen und vor Festen eine **Danksagung sprechen.** Egal, wann wir eine Danksagung sprechen, sie reflektiert unser Leben und verhilft zu einem tiefen Gefühl der Verbundenheit.

Wertschätzung
Wie viel wahrhafte Wertschätzung bringe ich meinem Kind und meinen Mitmenschen entgegen?
Ein wertschätzendes Wort, eine Geste zeigt Respekt und Anerkennung für das Sein eines jeden Einzelnen. Kinder brauchen eine große Portion davon, um sich ernst genommen und geachtet zu fühlen und sich als Erwachsene selbst lieben zu können.
*Ein **Abendritual** meiner Kinder war es, sich drei Dinge ins Gedächtnis zu rufen, die am Tag besonders schön gewesen und für die sie dankbar waren. Wir machten dieses kleine Ritual immer gemeinsam beim Gutenachtsagen. Als sie größer wurden, benutzten sie es für sich, um zufrieden und ruhig einschlafen zu können. Und später, als Jugendliche, wurde daraus das Tagebuchschreiben und das Ritual, auf den Tag zurückzublicken.*

Spiele und Lieder

Zur Leichtigkeit des (Kind)Seins gehören **Spiele und Lieder.** Wilde Jagden im Wald, Schleichspiele, Suchspiele, Geschicklichkeitsspiele fördern und fordern ohne Belehrungen. Dabei kann jedes Kind so spielen, wie es seinem Naturell entspricht. Es gibt Kinder, die gerne aktiv spielen, andere halten sich gerne im Hintergrund und nehmen lieber eine abwartende Rolle ein.

Lieder sind vielfältig und grenzenlos und verbinden Menschen überall. Sie helfen, Stimmungen auszudrücken; es gibt Melodien und Lieder, die ängstliche Kinder beruhigen, und Lieder können die Aufmerksamkeit gezielt auf bestimmte Dinge lenken.

Kindliche Vorlieben erkennen, **Begeisterung und Leidenschaft** wecken gelingt am besten, wenn wir uns an die eigene Kindheit erinnern und an das, was wir in unserer Kindheit mit Begeisterung gemacht haben.

Wildes Naturhandwerk

Den Kernritualen des eingangs erwähnten Coyote-Mentoring-Programms von Jon Young möchte ich noch das wilde Naturhandwerk hinzufügen, das sich mir als stärkste Verbindung zur tiefen Naturempfindung gezeigt hat und dem auch dieses Buch gewidmet ist.

Viele Erlebnisse im Zusammensein mit Kindern haben mich immer stärker auf die wesentlichen Aspekte der Naturverbindung aufmerksam gemacht und das wilde Naturhandwerk als eines der kraftvollsten Methoden herausgestellt. Es ist zu einem Herzstück des Naturmentorings geworden.

Die einfachsten und einprägendsten Tätigkeiten, durch die wir uns auf den natürlichen Kreislauf des Lebens besinnen, wecken Begeis-

Selbstbestimmt kreativ werden und sich für das eigene Tun begeistern.

terung sowohl bei Kindern, als auch bei den Erwachsenen, die sie begleiten und unterstützen. Mit den handwerklichen Tätigkeiten in den sich stetig verändernden Jahreszeiten, die mit wenigen, einfachen und aus der Natur gewonnenen Materialien und in der Kreativität des Schaffensprozesses Objekte entstehen lassen, lernen die Kinder, auf ihr Geschick zu vertrauen. Sie bekommen die Zeit und Möglichkeit, ihre Kreativität auszuprobieren und in ihrem eigenen Tempo und ohne Bewertung und Beurteilung mit liebevoller Unterstützung selbst schöpferisch tätig zu werden.

Kinder sind Meister der Nachahmung, des Nachbauens und Experimentierens und verrichten handwerkliche Tätigkeiten mit großer Hingabe, die sie mit Stolz und Freude erfüllen. Spielen und arbeiten verschmelzen in diesem Prozess und die Kinder sind vollkommen verbunden mit ihrer innersten Natur.

Den Jahreszyklus im Rhythmus der Natur erleben

Das Rad der Jahreszeiten und Himmelsrichtungen im natürlichen Lebenskreislauf

Denke ich an meinen Opa zurück, dann überkommen mich Gefühle der Geborgenheit und der Freiheit. Ich sehe ihn vor mir, wie er seelenruhig seiner Gartenarbeit nachgeht. Mit bedächtigen Handbewegungen bearbeitete er die Erde und pflegte ohne Eile seine Pflanzen. Seine Achtsamkeit und ruhige Ausstrahlung hat mir als Kind Geborgenheit und Vertrauen vermittelt. Ich liebte die Zeiten mit ihm, die Arbeiten im Garten, seine Einfälle und Erfindungen aus einfachen Dingen, die wir in der Natur sammelten, verschiedene kleine Basteleien zu fertigen oder gemütlich mit ihm in der Natur umherzustreifen und zu beobachten. Gleichzeitig fühlte ich eine unbändige Freiheit und Unbeschwertheit mit ihm. Er gab mir immer die Sicherheit, genau richtig zu sein, und dies schenkte mir Raum für Entwicklungsfreiheit.

Meine eigenen Kinder und mein Beruf brachten mir diese vielen schönen Erinnerungen wieder ins Bewusstsein zurück. Im Zusammensein mit kleinen Kindern verändern sich das Lebenstempo und der Alltagsblick. Ich habe wieder begonnen, mit den Augen der Kinder hinzuschauen. Sie sensibilisierten mich intensiv für meine Umgebung und unser Miteinander in der Natur, ließen mich langsamer werden und meine Aufmerksamkeit neu ausrichten. Dinge fielen mir in einem neuen Schein ins Auge, und mein Blick wurde geschärft für die Jahreszeiten, Lebenszyklen und das ewig rhythmische Werden und Vergehen der Natur. Mir wurde immer deutlicher bewusst, wie sehr Kinder die Wiederholungen ihrer Handlungen lieben und brauchen. Es ist nicht notwendig, Kinder ständig mit neuen Freizeitangeboten zu überraschen, sie altersentsprechend in speziellen Einrichtungen zu fördern. Mittlerweile ist durch die neuesten Erkenntnisse aus der Neurobiologie und Pädagogik bekannt, wie notwendig es für die kindliche Entwicklung ist, die Interessen der Kinder aufzugreifen und sie in ihren kindlichen schöpferischen Tätigkeiten ernst zu nehmen und zu unterstützen.

Mit diesen einzelnen Lebensphasen vom entdeckungsfreudigen Kleinkind, suchenden Jugendlichen, inspirierten jungen Erwachsenen zur gereiften Persönlichkeit, um schließlich im Lebensabend der gelassene ältere Mensch zu werden, der wieder zurück in die Zufriedenheit des Augenblicks kommt, befinden wir Menschen uns gleich der Natur in unterschiedlichen Zeitqualitäten.

In vielen alten Kulturen findet sich die Darstellung des »Rads des Lebens«. Das Symbol des Kreises und die Himmelsrichtungen stehen für die Veränderungen im Jahreszyklus. Chroniken und Aufzeichnungen der Menschheit aus über tausend Jahren Beobachtungen in der Natur, des Lichtes, des Himmels, der Sternbilder, der Winde, des Wetters und der Jahreszeitqualitäten haben die Kreisläufe des Lebens für uns festgehalten. So bringt der Frühling ein anderes Lebensgefühl mit sich als der Sommer, der Herbst oder der Winter.

Menschen feierten einzelne Höhepunkte des Jahreskreislaufs mit festen Bräuchen und Ritualen aus ihrem Kulturraum. Die Traditionen änderten sich im Laufe der Jahrhunderte, doch die ursprünglichen Sinnzusammenhänge blieben bestehen. Die Rückbesinnung auf die Jahreszeiten und ihre Eigenschaften, das bewusste Einlassen und Erleben schenken dem Leben Sicherheit, Vertrauen und Verbindlichkeit.

Kinder lieben es, Dinge mit immer gleich bleibenden Ritualen zu beginnen oder sich in einem vertrauten Rahmen neuen Ereignissen zu öffnen. Jahreskreisfeste lebendig zu feiern mit der Orientierung an den vier Sonnenfesten mag sinnvoll und wichtig sein, um der Zeitqualität der jeweiligen Jahreszeit tief nachzuspüren. Dabei sollten aber auch immer persönliche und private Lebensumstände berücksichtigt und sich selbst die Freiheit eingeräumt werden, die Jahreskreisfeste dann zu feiern, wenn es für alle Beteiligten richtig erscheint, auch einige Tage verschoben. Denn nichts ist für die Verbindung mit der natürlichen Welt weniger förderlich, als die Zeitqualitäten mit rationalem Denken erfassen zu wollen.

»Traditionelle Kulturen richten sich nach den Himmelsrichtungen aus und hegen ein starkes Bewusstsein für die Geister des Ostens, Südens, Westens und Nordens. Die Sonne in ihren Gesichtern und den Wind auf ihrer Haut, erfühlen sie den Wandel eines jeden Tages und einer jeden Jahreszeit. Es erscheint sogar in ihrer Bauweise, denn Eingangstüren zeigen immer nach Osten. In Architektur, Kunst, Zeremonien, Namen – überall war das Bewusstsein über die tages- und jahreszeitlichen Kreisläufe eingebettet, und die entsprechenden Übergänge im menschlichen Leben wurden immer gefördert. In einer solchen Kultur aufzuwachsen, machte es unmöglich, sich jemals orientierungslos zu fühlen.«

Jon Young

Die vier Himmelsrichtungen

In den meisten Traditionen auf der Erde wird von den acht Richtungen gesprochen: ***Osten, Südosten, Süden, Südwesten, Westen, Nordwesten, Norden, Nordosten.*** *Wir nehmen hier der Einfachheit halber nur auf die vier Hauptrichtungen Bezug, um den natürlichen Kreislauf der Himmelsrichtungen auch Kindern leicht verständlich machen zu können.*

Die vier Jahreszeiten sind im Jahresrad den vier Himmelsrichtungen zugeordnet. Kulturen auf der ganzen Welt beobachteten einen wiederkehrenden Kreislauf, der die Lebensprozesse energetisch beeinflusste. Durch das Erkennen der Zusammenhänge und das Begreifen dieser dynamischen Prozesse in der Natur und der Einwirkung auf den Menschen erkannten sie die vier Richtungen als Orientierungshilfe für Entwicklungsphasen und Lebenssituationen. Die Himmelsrichtungen dienen als Werkzeug und Hilfsmaterial, um sich im natürlichen Kreislauf des Lebens orientieren zu können. Die vier beziehungsweise acht Himmelsrichtungen kommen bei vielen Völkern in Architektur, Zeremonien, in der Medizin, in Kampfkünsten und Symbolen zur Anwendung. Die Menschen tragen ein angeborenes Gespür für den natürlichen Kreislauf und Rhythmus des Lebens in sich.

Das wilde Naturhandwerk orientiert sich an diesem Modell, um wieder ein Gespür dafür zu entwickeln und ursprüngliche Lebenszyklen ins Bewusstsein zurückzubringen. Durchdrungen von dem elementaren Gefühl, eingebettet zu sein in natürliche Lebensvorgänge, strukturieren sich die kindlichen Lernerfahrungen.

Ein schöner Platz in der Natur schafft ein Gefühl von Geborgenheit und lässt uns die Veränderungen der Jahreszeiten intensiv miterleben.

Die Höhepunkte im Jahreskreis liegen den vier Jahreszeiten und Sonnenständen zugrunde:
Wintersonnenwende am 21. oder 22.12. Norden
Frühlings-Tagundnachtgleiche am 20. oder 21.3. Osten
Sommersonnenwende am 21.6. Süden
Herbst-Tagundnachtgleiche am 22.oder 23.9. Westen

Die Sonne ist ein Stern unter vielen und doch Quelle des Lebens. In unserem Kulturkreis richten sich die christlichen Feste nach den alten Sonnenfesten. Etwa 40 Tage nach den Sonnenfesten liegen nach alter Überlieferung die keltischen Jahresfeste:
Imbolc am 1.2. Nordosten
Beltane am 30.4. oder 1.5. Südosten
Lugnasad am 1.8. Südwesten
Samhain am 1.11. Nordwesten

Den Zeitqualitäten des Jahres nachspüren und den Rhythmus des Lebens finden

Um die Jahreszeiten mit Kindern in spielerischer Form zu erleben, ist die Gestaltung eines Jahreszeitentisches eine schöne Beschäftigung. Der Jahreszeitentisch kann ein einfaches Brett sein oder ein Platz auf einer Kommode, der mit den Gaben der Natur – je nach Jahreszeit – und mit kleinen gebastelten Naturwesen bevölkert werden kann.

An unserem Naturplatz haben wir draußen einen Ort geschaffen, der den Kindern, die zu uns kommen, einen vertrauten Raum für Gestaltung und manchmal ganz feierliche Rituale schenkt. Kleine Zeremonien mit Kindern lassen uns die unsichtbaren Kräfte hinter den materiellen Dingen wieder spüren. Das Schmücken mit kleinen Gaben, die in der Natur gesammelt werden, und besondere Gegenstände der Kinder an diesem Jahreszeitenplatz sind direkt der Natur ausgesetzt und werden durch den Einfluss der Elemente immer wieder natürlich verändert. So einen Ort könnte man überall in der Natur entstehen lassen und immer wieder gemeinsam oder auch alleine aufsuchen. Diese kleinen Rituale werden mit ihrer Wiederkehr zu einem vertrauten Bestandteil für Familien und Gemeinschaften.

Sinn eines Jahreskreisfestes ist es, der Schwingung und dem Rhythmus der Zeit Ausdruck zu verleihen. Wir verbinden uns mit dem zyklischen Rhythmus der Erde, wenden uns der Natur zu und nehmen Licht und Dunkelheit bewusst wahr.

»Heilsam ist nur, wenn im Spiegel der Menschenseele sich bildet die ganze Gemeinschaft und in der Gemeinschaft lebet der Einzelseele Kraft.«
Rudolf Steiner

Ein kleiner Steinkreis, eine Kerze, eine hübsche Blüte genügen für ein einfaches Ritual, das den Jahreskreis und die Einbettung in den natürlichen Lebenskreislauf erfahrbar macht.

Ideensammlung mit Kindern

Was aus eigener Anregung der Kinder wächst, wird viel besser begriffen, deshalb sollten alle in die Festvorbereitungen mit einbezogen werden. Oder man befragt die Kinder direkt nach ihren Stimmungen und Bedürfnissen. Kleine Rituale, wie eine Kerze anzünden, einen Platz mit Blumen schmücken oder nur ein kleines Lied zu singen, erzeugen bereits eine neue Atmosphäre.

Während handwerklicher Tätigkeiten und der Hingabe zum Objekt entstehen ebenfalls viele Ideen zur Jahreszeit und dem jeweiligen Thema. Jede Idee kommt von einem kleinen, selbstständig denkenden und empfindenden Menschen. Indem Erwachsene diese ernst nehmen, unterstützen wir sie darin, ihre Stärken zu finden, und schenken ihnen einen Raum, ihr ureigenes Potenzial zu entwickeln. Mitentscheidung und Mitgestaltung jedes Mitglieds einer Gemeinschaft stärkt die Verbindung untereinander und schenkt Vertrauen im Miteinander.

Ein Platz für die Gemeinschaft

Unsere Ahnen lebten im großen Familienverbund im Kreis einer Gemeinschaft, nicht selten mehrere Generationen unter einem Dach, sodass soziale Strukturen vorgegeben waren. In unserer modernen Gesellschaft haben sich die Familienstrukturen komplett verändert, und oft bilden Kleinfamilien oder nur ein Elternteil und Kinder die Lebensgemeinschaft. Diese ungesunde Dynamik ohne Raum für Reflexion und Austausch führt oft zu einer Überforderung und schließlich zu Frustration. Verantwortung und Aufgaben können nicht mehr sinnvoll verteilt werden, deshalb entstehen im städtischen Bereich wieder neue Lebensräume für Gemeinschaften verschiedener Generationen miteinander. Auch ländliche Strukturen beginnen sich zu verändern, und vielerorts werden Initiativen gegründet, um dieser Entwicklung entgegenzuwirken und sich gegenseitig mehr zu unterstützen.

Da diese Art, im Gemeinschaftsverband zu leben, den Großteil der Menschheitsgeschichte ausmacht und das Bedürfnis nach zwischenmenschlichen Beziehungen und nach einer naturnahen Lebensweise in unserer ursprünglichen menschlichen Natur veranlagt ist, sollten wir nach neuen Formen des Zusammenlebens Ausschau halten, um wieder zurück zu einem uns Menschen gerechten, natürlichen Leben zu finden. Speziell für junge Eltern, die nach Kontakten zu anderen jungen Familien Ausschau halten, bietet sich die Installation einer Feuerstelle am Wohnort an. Dort können alle interessierten Menschen zu bestimmten offenen Feuerabenden oder Nachmittagen aller Generationen zusammenkommen, um sich auszutauschen, miteinander zu werkeln oder zu kochen und um neue Freundschaften wachsen zu lassen. Das ist eine einfache und ungezwungene Möglichkeit, einen Platz für die Gemeinschaft zu schaffen.

Das Feuer der Ahnen entfachen

Feuer ist das einzige der vier Elemente Wasser, Luft, Erde und Feuer, das der Mensch selbst in wenigen Augenblicken erschaffen kann.

»Wir brauchen Gemeinschaften, deren Mitglieder einander einladen, ermutigen und inspirieren, über sich hinauszuwachsen.«
Prof. Dr. Gerald Hüther, Akademie für Potenzialentfaltung

Doch bevor das Feuer zum Menschen kam, war es für sie nur in Form von Lava oder brennendem Holz bei Waldbränden zu bekommen. Erst als sie erlernten, selbst ein Feuer zu entfachen, musste dies für sie so bedeutungsvoll gewesen sein, dass das Feuer zu etwas Heiligem wurde. Die Methode des Feuerbohrens wurde entdeckt und verfeinert. Wer mit wenigen Mitteln wie Holz und Zunder durch Reibung ein Feuer erzeugen konnte, muss in den Stammesgesellschaften hoch geachtet worden sein. Das Überleben wurde dadurch erleichtert, und da es ein schwieriges Unterfangen war, ohne technische Hilfsmittel, wie wir sie heute kennen, ein Feuer zum Brennen zu bringen, bauten sie sich sogar Behälter aus Birkenrinde, um die Glut ihres Feuers am »Leben« zu halten.

Jeder, der mit Freunden in einer Gruppe oder auch alleine schon einmal an einem Feuer gesessen hat, kennt die Faszination der Flammen und hat gespürt, welche magische Wirkung sie ausstrahlen. Es entsteht ein archaisches Gefühl in uns, das an die Verbundenheit mit dem Leben erinnert, wenn wir uns ganz auf das Element Feuer einlassen können.

Mit Kindern wird das ganz deutlich, wenn sie zum ersten Mal aktiv am Feuermachen beteiligt werden. Es erscheint wie ein Ursinn des Menschen, der da im wahrsten Sinne des Wortes ans Licht kommt.

Sich gemeinsam dem Feuermachen zu widmen ist für alle eine sehr spannende Erfahrung, und es lehrt Kindern eine natürliche Vorsicht und gibt ihnen Selbstvertrauen im Umgang mit dem Feuerelement.

Mit dem Feuerbohrer ein Feuer zu entzünden, ist sehr anspruchsvoll. Ein Holzstab wird in ein flaches Stück Holz gebohrt, durch Reibung entsteht Glut, die in einem Zundernest zum Brennen gebracht wird.

Feuerstein findet man weltweit an Küsten, aber auch auf sogenannten Feuersteinlinien im Landesinneren in Gebirgen. Der Stein hat seinen Namen aus der Steinzeit, denn bereits da benutzten ihn die Menschen, um mit ihm Feuer zu entfachen. Außerdem wurde er zu Werkzeugen, Waffen und Pfeilspitzen verarbeitet. Feuersteine sind oft scharfkantig und können als Messer benutzt werden.

MATERIAL

- **Feuerstelle**
- **Zundermaterial**
- **Feuerstein**
- **Magnesiumstahl**

Das Wichtigste beim Feuermachen ist die Vorbereitung. Du brauchst ein gutes Zundernest: Das besteht aus kleinen Schnipseln von leicht entzündbarem Naturmaterial, wie Birkenrindenspänen, trockenen Samen, Rohrkolbenflaum, kleinen Holzspreißeln usw. Darüber legst du kleine trockene, gut brennbare Holzstücke mit viel Luft drum herum, um dem Feuer auch Sauerstoff zu geben.

Feuerstein wurde früher als scharfes, hartes Schlagwerkzeug benutzt. In Kombination mit Mineralsteinen wie Pyrit oder Markasit entstehen beim festen Zusammenschlagen Funken.

Wir verwenden zum Feuermachen einen Magnesiumstahl. Reibst du den Magnesiumstahl von oben nach unten mit einem scharfen Gegenstand (Feuerstein, Messer hochkant), entstehen Funken. Halte dabei den Magnesiumstahl sehr nah an dein Zundernest, damit die Funken übergehen können. Manchmal musst du dafür geduldig Funken schlagen und ein wenig üben. Hat sich aber ein Funken in dein Zundernest gesetzt, kannst du ganz vorsichtig damit beginnen hineinzupusten, bis eine Flamme entsteht.

Wilder Naturhandwerker-Tipp

Wusstest du, dass die Birkenrinde selbst im feuchten Zustand noch gut brennt? Der Grund liegt in den ätherischen Ölen, die sich in der Rinde ansammeln. Bereits die äußere feine Rindenschicht, die dünn wie Papier ist, enthält schon so viel ätherische Öle, dass sie als Anzünder genügt. Nimm aber nur wenig davon von lebendigen Bäumen ab und nur in Notfällen. Wenn du dich im Wald genau umsiehst, kannst du oft alte umgefallene Birken am Waldboden finden, deren Rinde du leicht abziehen, sammeln und als Vorrat aufbewahren kannst.

Wie das Feuer auf die Erde kam

Zu Beginn der Zeit war die Welt finster und kalt, und die Vögel und Tiere hatten ihr dichtes Gefieder und dicke Felle sehr nötig, um sich warm zu halten. Da schaute der Donnergott auf die Erde hinab und sah, dass er den armen Geschöpfen unbedingt helfen musste. So sendete er einen Blitzstrahl auf die Erde hinab und traf dabei auf einer kleinen Insel einen Baum, der augenblicklich in Brand geriet.

Der Stamm des Baumes loderte hell und warm, und alle Tiere beobachteten das Feuer auf der Insel und freuten sich über das Licht und die Wärme. Doch wie konnten sie das Feuer von der kleinen Insel aufs Festland bringen? Da hielten sie Rat, und ein jedes Tier wollte helfen.

Als erster sprach der Rabe: »Ich denke, ich werde hinüberfliegen und etwas von dem Feuer für uns alle holen.«

Die Tiere stimmten dem Vorschlag des Raben zu, und sofort flog er los auf die Insel. Als er zurückkam, war er verbrannt und verängstigt. Seit diesem Tag ist der Rabe schwarz.

Als Nächstes meldete sich eine kleine mutige Eule und flog zum Feuer. Aber als sie in den hohlen Stamm des Feuers schaute, schlug ihr eine Flamme in die Augen. Seitdem sind ihre Augen rot und blinzeln bei grellem Licht.

Nun hatte die schwarze Schlange eine besondere Idee, sie schwamm zur Insel hinüber, und als sie angekommen war, schlängelte sie sich zum brennenden Baum, doch noch nicht mal am Baumstamm angekommen, brannte ihre Haut so fürchterlich, dass sie sofort zurück ins Wasser kroch.

Verzweifelt saßen die Tiere in der wieder unfreundlicher und kälter werdenden Welt und sahen zu, wie das Feuer langsam kleiner wurde.

Plötzlich krabbelte eine kleine schwarze Spinne mit roten Streifen in ihre Mitte und begann, eine Schüssel zu weben. Die Schüssel befestigte sie auf ihrem Rücken und lief über das Wasser zur Insel. Dort zog sie ein kleines Stück glühender Kohle auf ihren Rücken in die Schüssel. Eilig glitt sie über das Wasser zurück zu den Tieren ans Festland und brachte ihnen das Feuer.

Und wer sich heute eine Wasserspinne anschaut, wird auf ihrem Rücken eine Schüssel entdecken, in der sie das Licht und die Wärme in die dunkle und kalte Welt brachte.

Frei nach einer Geschichte der Cherokee

Wildes Naturhandwerk entdecken, erleben und erfahren

Wir können es Kindern ermöglichen, die Natur und den Planeten Erde zu lieben und zu schätzen, bevor sie ihn irgendwann einmal retten müssen. Viele kleine natürliche Erlebnisse in der Natur, ohne großen zeitlichen und finanziellen Aufwand, schenken Kindern wertvolle Momente, an die sie sich ein Leben lang erinnern werden. Die Rückbesinnung auf natürliche Lebensrhythmen und Erinnerungen an Erlebnisse und Erfahrungen, die ohne ergebnisorientiertes Konkurrenzdenken gemacht wurden, stärken die Fähigkeit, mit Krisen umzugehen und den Anforderungen der Gesellschaft standzuhalten. Eine starke Resilienz zur Lebensbewältigung.

Grundprinzipien des wilden Naturhandwerks

Das wilde Naturhandwerk ist altes überliefertes Wissen unserer Ahnen und nativer Völker. Es ist ein Urausdruck des Menschen, mit Naturmaterialien umzugehen. Sie wussten mit einfachsten Werkzeugen und Handgriffen aus Materialien, die sie in der Natur finden konnten, schöne und nützliche Dinge herzustellen. Sie arbeiteten und lebten das, was wir heute als Survival bezeichnen. Dieses Wissen sicherte ihre Lebensgrundlage. Survival oder Überlebenstechnik bedeutet mit dem auszukommen, was gerade zur Verfügung steht. Einfaches Handwerk, gefertigt mit wenigen Werkzeugen, mit Materialien aus der Natur, ohne kostspielige Anschaffungen, nach leicht verständlichen und klaren Anleitungen.

Durch das Sammeln, Verarbeiten und die Beschäftigung mit natürlichen Materialien aus der Natur wird ein ganzheitlicher Prozess erfahrbar gemacht. In einzelnen Arbeitsschritten bis zum fertigen Ergebnis geht es nicht um Perfektion, sondern um die Freude am Ausprobieren und am Tun. Je einfacher die Materialien sind, desto kreativer werden Kinder.

Das Naturhandwerk arbeitet mit Materialien wie Holz, Pflanzenteilen, Kräutern und nur wenigen Zutaten, die man dazukaufen muss. Es beruht auf einfachen Techniken und Fertigkeiten aus dem Wissensschatz unserer Großeltern. Neben dem Herstellen von nützlichen Produkten und schönen Dingen gehört auch das alte überlieferte Kräuter- und Kochhandwerk dazu.

Wildes Naturhandwerk mit Materialien aus der Natur in der Natur verbindet direkt mit der Schöpfung und wird zur Naturheilkraft, denn Kinder sind so ihren Sinnen am nächsten.

Wildes grünes Kräuterhandwerk

Der Medizinschrank der Natur war meinem Opa heilig. Alles, was er sammelte und zubereitete, bewahrte er in Gläschen und Döschen

Essbare Kräuter und Pflanzen werden gesammelt und gleich draußen in der wilden Kräuterwerkstatt verarbeitet.

Kochen am offenen Feuer ist immer ein besonderes Erlebnis.

fest verschlossen in einem hölzernen Apothekerschrank auf. Immer wenn dieser geheimnisvolle Schrank geöffnet wurde und er ein Fläschchen oder Döschen herausholte, gab es keine bittere Medizin, sondern wohlschmeckenden Sirup, Kräuterhonigpastillen und nach Wald und Wiese duftenden Balsam für die Haut. Er sammelte Heilkräuter nach den Jahreszeiten und bereitete daraus einfache Rezepturen für die Hausapotheke und Speisevorratskammer zu.

Menschen und Heilpflanzen haben eine lange gemeinsame Geschichte, die bewahrt werden sollte. Kinder lernen Pflanzen am sichersten und einfachsten kennen, wenn sie sie ganzheitlich begreifen. Heilpflanzen bestimmen, sammeln und verarbeiten ist der einfachste Weg dazu.

Die erste Wahl für das Kräuterhandwerk sind einheimische Kräuter, die vor unserer Haustüre wachsen und leicht zu finden sind. Nach und nach betrachten wir weitere Pflanzen des Waldes, der Wiesen und in der weiteren Umgebung. Mit wenigen Zutaten und Mitteln können wir diese für unsere Bedürfnisse und Anwendungen zubereiten. Sammeln und verarbeiten Sie nur Pflanzen, die Sie sicher erkennen und benennen können.

Seien Sie authentisch und geben Sie vor Kindern ruhig zu, dass Sie nicht allwissend sind! Es ist sehr reizvoll, mit Kindern gemeinsam in Bestimmungsbüchern nachzuschlagen und sich mit den »unbekannten Grünen« zu beschäftigen.

Wilde Werkstattküche

Unser Sohn fühlte sich von klein auf beim Kochen oder Grillen im Freien und beim Entzünden eines Lagerfeuers verantwortlich für das Feuer. Er sorgte für Brennholz, hielt die Feuerstelle ordentlich und zähmte souverän die Feuergnome. Das Feuerhüten wurde schnell zu seiner persönlichen Herzensaufgabe und er im Umgang mit dem Element sehr gewissenhaft.

Das Kochen am offenen Feuer ist uralt, und es gibt zahlreiche unterschiedliche Techniken. Mit Kindern haben sich einfache Zubereitungen am offenen Feuer bewährt.

Sehen Sie die Ideen und Vorschläge für die wilde Küche in den Jahreszeiten als Inspiration, und probieren Sie Gerichte nach Ihren eigenen Vorlieben aus.

Feuerstelle für Kinder
Die Feuerstelle ist das Herz der Gemeinschaft und sollte an einem Platz installiert werden, der diesen Mittelpunkt symbolisiert. Heben Sie ein wenig Erde aus, und umranden Sie den Aushub mit festen hitzebeständigen Steinen. Die Steine stellen eine natürliche Grenze für das Feuer und für die Menschen dar. Sollten sich viele kleinere Kinder dort aufhalten, können Sie einen zweiten Steinkreis ziehen als Kindergrenze. Die Regeln sollten für alle klar verständlich formuliert werden, damit Groß und Klein viel Freude und Spaß an der Lagerfeuerstelle haben können.

Die Feuerstelle ist das Herz der Gemeinschaft und das Feuerhüten eine verantwortungsvolle Aufgabe.

Heimische Bäume und Pflanzen entdecken und kennenlernen

Im wilden Naturhandwerk verwenden wir als Werkstoff am liebsten Holz. Bäume werden in der Botanik als Holzpflanzen bezeichnet. Sie bilden einen kräftigen Stamm aus, der sich erst ein Stück über dem Erdboden verzweigt.

Wiesenblumen und Kräuter werden als einjährige Pflanzen bezeichnet, wenn nur die Samen den Winter überleben, als mehrjährig, wenn die oberirdischen Teile verwelken und die Pflanze im Boden überwintert.

Die Natur stellt uns viele und ganz unterschiedliche Holzpflanzen und Krautpflanzen zur Verfügung. Die besten Jahreszeiten, um die Schätze der Natur zu entdecken und sich mit ihnen vertraut zu machen, sind vom zeitigen Frühjahr bis in den Spätsommer und Herbst. Mit dem ersten Blattgrün ist es leicht, Bäume zu unterscheiden, und junge Pflanzen werden noch nicht von hohen Wiesengräsern bedeckt.

Mutter Erde stellt ihren großartigen Schatz an unterschiedlichen Gewächsen zu Verfügung, und es ist manchmal gar nicht so einfach, das eine vom anderen zu unterscheiden. Es ist aber auch nicht entscheidend, eine große Anzahl verschiedener Pflanzen und Bäume beim Namen und ihren botanischen Merkmalen zu erkennen. Viel nachhaltiger und ergebnisreicher ist es, sich einige wenige Pflanzen und Bäume anzuschauen und sie genauer auf viele verschiedene Arten zu entdecken und kennenzulernen. Kinder entdecken und erforschen mit allen Sinnen und werden zum Baum oder zur Blume. Ein ausschließliches Betrachten im Naturführer oder bei einem Spaziergang würde weder

Durch den spielerischen Umgang mit Pflanzen und Kräutern lernen Kinder mit Begeisterung und ohne zu merken, dass sie lernen.

dem kindlichen Forschergeist, noch unserem Naturschatz gerecht werden.

Wir suchen das Abenteuer mit den Bäumen und Pflanzen, sammeln, ernten und verarbeiten Naturmaterialien auf unterschiedlichste Art und Weise. Ein Kind, das mit dieser Methode Naturerfahrungen macht, lernt spielerisch und leicht Namen und Begriffe aus der Natur, der Botanik und Biologie.

Bäume

Nicht jedes Holz hat die gleichen Eigenschaften, und oft ist es schwierig, verschiedene Holzarten zu unterscheiden. Beschäftigen wir uns regelmäßig damit und wiederholen Aussehen, Struktur, Geruch, vertiefen wir unser Wissen und werden immer sicherer im Erkennen und Benennen unterschiedlicher Hölzer. Durch das wilde Naturhandwerk erfahren Kinder spielerisch die Beschaffenheit der Holzarten und lernen viel über Härte, Brenndauer und Verarbeitungsmöglichkeiten.

»Bewegung ist notwendig, um Gedanken zu verankern.«
Prof. Dr. Gerald Hüther, Akademie für Potenzialentfaltung

Ahorn:
Festes, helles Holz, das sich gut schnitzen lässt. Gut verwendbar für Schnitzereien und Brennarbeiten (Löffel und Schalen). Für den Bogenbau geeignet (biegbar).

Haselnuss:
Festes, gut schnitzbares Holz. Für alle Schnitzarbeiten geeignet, zum Löffelbrennen und auch für den Pfeil- und Bogenbau bestens geeignet!

Holunder:
Festes, gut schnitzbares Holz. Durch seinen hohlen Kern für spezielle Arbeiten, wie zum Beispiel Flöte oder Blasrohr, geeignet wie auch für den Bogenbau.

Birke:
Festes, gut schnitzbares Holz. Vielseitig verwendbar. Die Rinde kann zum Beispiel als Feuerzunder verwendet werden. Für den Bogenbau geeignet.

Buche:
Sehr hartes Holz und besitzt oft »Baumperlen«. Gut für Gefäße zum Glutbrennen geeignet oder als Kräuter-und Blumenpresse. Nicht biegbar.

Erle:
Festes, gut schnitzbares Holz. Für alle Bastelarbeiten verwendbar.

Fichte:
Gut schnitzbares Holz. Vielseitig verwendbar. Im Frühjahr für Pfeifen verwendbar, zum Glutbrennen geeignet.

Kiefer:
Gut für Schnitzarbeiten. Die Harzeinschlüsse geben auch gutes Brennmaterial.

Ein Korb mit bunten essbaren Blüten. Wer kennt die Pflanzen?

»Du sagst: Bäume sind Bäume, grün im Sommer und im Winter kahl …
Du kennst meine lieben Bäume nicht, guter Freund! Es sind Leute von Charakter, sie haben ihre Eigenart, nur dass sie verschwiegen sind und ihre Seele nicht dem ersten besten, der gelaufen kommt, offenbaren. Es lohnt sich wohl, näher mit ihnen bekannt zu werden.«
Augustin Wibbelt

Esche:
Festes, gut schnitzbares Holz. Für alle Schnitzarbeiten geeignet, im Frühjahr für Pfeifen, zum Löffelbrennen und auch für den Pfeil- und Bogenbau.

Weide:
Festes, gut schnitzbares Holz. Für viele unterschiedliche Basteleien geeignet, im Frühjahr für Pfeifen, zum Korbflechten und auch für den Pfeil- und Bogenbau.

Wir sammeln nur Pflanzen und Blumen, die wir exakt bestimmen können!

Pflanzen

Ungiftig und essbar:
Bärlauch
Brennnessel
Frauenmantel
Giersch
Gundermann
Huflattich
Johanniskraut
Mädesüß oder Wiesenkönigin
Spitzwegerich und Breitwegerich
Waldmeister
Wiesenbärenklau
Wiesensalbei

Essbare Blüten

Blüten von Kräutern
Blüten von Steinobstbäumen
Borretsch
Flieder
Gänseblümchen
Gundermann
Holunderblüten
Klee
Lavendel
Lindenblüten
Löwenzahn
Malve
Margerite
Ringelblume
Rosenblüten
Schafgarbe
Sonnenblume
Spitzwegerich
Stiefmütterchen
Taubnessel
Veilchen
Wiesenschaumkraut

Umgang mit Ressourcen

Die Grundlage für Nachhaltigkeit und umweltfreundliches Sammeln in der Natur ist das Kennenlernen und Begreifen von Anfang an. Das Spielen und die Beschäftigung mit unbearbeitetem Naturmaterial sind für Kinder der wichtigste elementare Zugang zur Natur und die Grundlage für einen respektvollen, nachhaltigen und wertschätzenden Umgang mit ihr.

Bei Kindern steht niemals eine böse Absicht dahinter, wenn sie Pflanzen ausreißen oder Rinden lebender Bäume verletzen. Die sinnvollste Aufklärung ist, mit ihnen darüber zu sprechen, ihnen zu erklären, warum es so wichtig ist für unsere Natur und unser Leben, mit der Natur schonend und respektvoll umzugehen und dabei klare Regeln auszusprechen.

Der intensive Duft und die zarten Blüten des Waldmeisters betören im Frühling die Sinne.

Die fünf Indianerregeln fürs Pflanzen- und Hölzersammeln:

1. Nur Pflanzen sammeln, die ich wirklich kenne und von denen ich weiß, dass sie keine giftigen Teile enthalten.
2. Immer nur sparsam eingreifen und vorher genau überlegen und begutachten, ob die Holzart, die Pflanze usw. für das Vorhaben tatsächlich geeignet ist.
3. Immer nur eine Pflanze nehmen, wenn noch mindestens eine Handvoll andere Exemplare dort wachsen, um das Bestehen der Pflanzenart zu gewährleisten. Nur so viel nehmen, wie man wirklich braucht.
4. Zum Werken wird oft frisches grünes Holz benötigt. Wir verwenden dafür schnell nachwachsendes Holz wie das von der Haselnuss und fragen vorher den Waldbesitzer um Erlaubnis.
5. Rinde entfernen wir nur von bereits gefällten Bäumen.

Werkzeuge und Regeln

Für das wilde Naturhandwerk benötigen wir sinnvolle und für Kinder geeignete Werkzeuge:

- Handliches Schnitzmesser speziell für Kinder mit abgerundeter Klinge und Arretierung
- Handbohrer in verschiedenen Stärken
- Spezielle Sägen für Kinder, die auf Zug sägen. Sägen, die auf Schub sägen, sind für Kinder schwieriger zu bedienen (Fuchsschwanzsäge)

Wilder Naturhandwerker-Tipp
Immer vor Arbeitsbeginn besprechen!

Sicherheitsregeln für das wilde Naturhandwerk in der Werkstatt, in der Werkstattküche und am Feuer:

1. *Wer schnitzt, der sitzt.*
2. *Mindestens eine Armlänge Abstand zum Nachbarn halten.*
3. *Immer vom Körper weg schnitzen.*
4. *Messer schließen, dann erst weitergeben oder ablegen.*
5. *Die Hand, die das Werkstück festhält, befindet sich immer hinter der Schnitzrichtung des Messers.*
6. *Das Messer muss scharf sein.*
7. *Messer mit der Klinge niemals in den Erdboden stecken, es wird dadurch stumpf.*
8. *Kinder beim Kochen und am offenen Feuer niemals unbeaufsichtigt lassen.*
9. *Nicht mit Stöcken im Feuer herumstochern.*
10. *Abstand zur Feuerstelle einhalten.*
11. *Feuerstellen sind kein Spielplatz.*
12. *Ins Feuer werden keine Abfallprodukte, Papier oder andere Dinge geworfen.*

Utensilien für die wilde Naturhandwerkstatt

- Baumstumpf als stabile Auflage
- Verbindungsmaterial und Schnüre aus Naturfasern, Baumwolle, Hanf, Sisal, Tierhaut
- Arbeitshandschuhe
- Hammer
- Schleifpapier
- Verbandskasten

Schnitzen für die Allerkleinsten – das erste Schnitzmesser

»Dafür bist du noch zu klein!« Diese Aussage von Erwachsenen klingt lange in den Ohren eines Kindes nach. Es gibt passendes Werkzeug für jedes Alter, und kleine Kinder lernen mit entsprechend ungefährlichem Werkzeug die handwerkliche Motorik, bevor sie mit scharfem Werkzeug hantieren. Damit schenken wir ihnen Sicherheit und Selbstvertrauen.

Das allererste Schnitzmesser

Geben Sie kleinen Kindern ein Schnitzmesser aus Holz in die Hand. Damit können sie völlig gefahrlos erste »Schnitzbewegungen« üben und freuen sich über die Tätigkeit der »Großen«. Unsere Kinder haben alle auf diese Art den Umgang mit dem Schnitzmesser kennengelernt, und der Übergang zum scharfen Messer vollzog sich fast unmerklich.

»Es ist nicht genug, zu wissen, man muss es auch anwenden; es ist nicht genug, zu wollen, man muss es auch tun.«
Johann Wolfgang von Goethe

Bilder rechte Seite:
Eine einfache Grundausstattung an kindgerechtem Werkzeug genügt. Mit einem Schnitzmesser aus Holz können schon kleine Naturhandwerker den Umgang mit dem Messer erlernen. Konzentriert werden die Schnitzbewegungen geübt.

Frühling und Frühsommer

Zeitqualität und Bedeutung für ein naturverbundenes Leben mit Kindern

Die Sonne geht im Osten auf, und wir erwachen aus unseren Träumen der Nacht. Pflanzen wenden sich den Sonnenstrahlen zu und öffnen ihre farbigen Blüten dem Licht. Vögel holen uns am Morgen mit ihrem Lied aus dem Bett und zwitschern bis in den Abend ihre Melodien. Wir alle kennen die Sehnsucht, nach einem langen kalten Winter die wärmenden Sonnenstrahlen auf der Haut spüren zu wollen, das erste zarte schüchterne Grün der Pflanzen zu erblicken und die immer praller werdenden Knospen an Bäumen und Sträuchern zu beobachten, bis sie explodieren und ihre Blätter und Blüten im Frühsommer prachtvoll entfalten.

Die Zeiten der Sonneneinstrahlung sind von nun an länger als die Zeiten der Dunkelheit. Zunehmend spüren wir die Erwärmung der Luft, und ein Gefühl des warmen Lebensflusses durchströmt unseren Körper im Laufe des Tages nach einem kühlen Morgen. Hasenbabys hoppeln zögerlich und neugierig über die Felder, und junge Haussperlinge unternehmen erste Flugversuche. Endlich haben die Tage wieder mehr Stunden, und wir gewinnen neue Freude am Draußensein und an der Bewegung im Freien! Erleichtert nach einer Zeit, die vielen Familien unendlich lange vorgekommen sein mag, angefüllt mit Beschäftigungssuche in den eigenen vier Wänden und dem ermüdenden Anziehen der vielen Bekleidungsschichten für die Aufenthalte draußen im Kalten.

Wie muss es da unseren Vorfahren zumute gewesen sein, die ohne elektrisches Licht monatelang ausharren mussten? Ohne Heizungen und mit Elektroherd ausgestatteten warmen Wohnungen und einem reichlich bestückten Supermarkt um die Ecke? Trotz unseres komfortablen Lebens empfinden wir den Frühling und die ersten wärmenden Sonnenstrahlen als Erlösung von den grauen kalten Tagen, und die Farben der Natur lassen unsere Sinne und Energien sich intensiv ausdehnen. Freudige Aufregung und neue Möglichkeiten kommen uns in den Sinn, und die Kinder treiben uns mit ihrer frischen Lebendigkeit in einen neuen Sommer hinaus.

Im Rad des Lebens stehen wir symbolisch am Beginn einer neuen Zeit, im Osten, im Sonnenaufgang, und unsere Ideen und Inspirationen, die im Winter in unserem Inneren schlummern durften, keimen und nehmen nun Formen an. Wir verspüren eine neue Kraft in uns, sie endlich in Taten umzusetzen.

Das Frühjahr lädt zum Entdecken und Erforschen in der Natur ein. Auch wenn es oft noch kalt ist, werden die Aufenthalte draußen länger und intensiver. Gemeinsam Ausschau zu halten nach jungen zarten Pflanzen, Vögel zu beobachten und das erste zarte Grün der Bäume zu kosten, verbindet miteinander und mit der Landschaft, in der wir leben.

Naturnahe Begleitung im Frühling

- Machen Sie sich diese Zeitqualität zunutze und verbringen Sie viele Stunden draußen und suchen Sie wilde Plätze mit Ihren Kindern auf. Versuchen Sie, mit den Augen eines Kindes zu sehen, und nehmen Sie den Stadtpark oder Ihren Vorgarten aus seiner Perspektive wahr. Was uns klein und unbedeutend erscheint, ist für ein Kind imposant und spannend.
- Verfolgen Sie nach dem Winter sichtbar gewordene Mäusewege auf einer Wiese, und errichten Sie mit Ihren Kindern eine Mäusestadt.
- Legen Sie sich einen kleinen Fenstergarten zu, und säen Sie verschiedene Gemüse oder Blumensamen. Kümmern Sie sich gemeinsam mit Ihren Kindern um die Pflanzen. Beobachten Sie eine bestimmte Pflanze auf ihrem täglichen Weg.
- Sammeln Sie Ideen für den bevorstehenden Sommer, Herbst und Winter auf einem großen Karton, auf den Sie Ausschnitte aus Zeitschriften oder Zeichnungen mit Bildern Ihrer Ideen kleben. Erfreuen Sie sich daran, immer wieder neue Ideen aufzukleben und ihre Visionen darzustellen und darüber zu sprechen.
- Gehen Sie in den Wald, und suchen Sie Lichtspuren mit Ihren Kindern. Lichtspuren sind die Wege der Tiere im Wald, die Wildwechselspuren, die im hellen Licht des Frühjahres und im noch spärlich begrünten Wald besonders gut zu finden sind.

- Entdecken Sie Pflanzen, die sich Ihnen vorher noch nicht gezeigt haben, und versuchen Sie herauszufinden, wie sie heißen und ob Sie sie nutzen könnten.
- Sammeln Sie Hölzer, Naturmaterialien wie Zapfen, Samen, Rinden, Reißig, Steine, Federn und alles, was Ihre Sinne anregt und Ihnen und Ihren Kindern gefällt.
- Stellen Sie Samenbomben her, und werfen Sie sie überall mit Ihren Kindern aus, wo Sie meinen, es fehlen Blumen für unsere Bienen.
- Schauen Sie, ob Sie einen Platz finden, an dem Sie ungestört draußen sein können, und richten Sie ihn für sich ein.
- Entfernen Sie alles, was Sie nicht brauchen können, verschenken Sie Dinge und entrümpeln Sie. Es ist erstaunlich, was andere Leute mit Freude weiterverwenden und wie befreit Sie sich fühlen werden.
- Überprüfen Sie, ob Ihr Werkzeug noch vollzählig ist und Sie für die Umsetzung Ihrer Ideen ausgestattet sind, oder erstellen Sie eine Liste von den Dingen, die Ihnen noch fehlen. Ich mache immer die Erfahrung, dass die fehlenden Dinge irgendwie zu mir kommen, sobald sie auf der Liste stehen.

Wildes Naturhandwerk im Frühling

Holzzange

Eine gute Holzzange gehört zur Grundausstattung für das wilde Naturhandwerk und die wilde Küche. Wir verwenden sie, um Glut aus dem Feuer zu holen oder Speisen in der Glut zu wenden. Deshalb bauen wir im Frühjahr einige handliche Holzzangen, die uns übers Jahr gute Dienste leisten.

Eine Holzzange ist praktisch und unentbehrlich für vielerlei Tätigkeiten.

MATERIAL

- **Grünholz, z. B. Ast vom Haselstrauch**
- **Schnur**
- **Stein**
- **Schnitzmesser**
- **Klappsäge**

Um Äste zu spalten, binde immer als Erstes eine Wicklung am Ende des Spalts, um zu verhindern, dass sich das gesamte Holz spaltet (siehe Foto Steinbeil, Seite 120).

Dann setze dein Messer oben an und klopfe mit einem Stück Holz den Spalt bis zur Wicklung auf.

Für die Zange nimmst du dir einen flachen Stein, drückst ihn nun in den offenen Spalt nach unten und bindest mit einer Schnur die Zange oberhalb des Steins fest zusammen. Lass das Holz ein wenig trocknen. So formst du eine schöne Zange.

Löse die Schnur und entferne den Stein. Fertig ist deine Holzzange.

Maipfeife

Während der Winterzeit haben die Bäume des Waldes keinen Winterschlaf gehalten wie viele tierische Waldbewohner. Die Bäume waren fleißig, haben Knospen angelegt und sich auf den Frühling vorbereitet. Und im Mai ist es dann so weit, sie bündeln ihre ganzen Kräfte in den Wurzeln und beginnen, mit aller Energie, ihre lebendigen Säfte bis hoch in die Baumkronen zu pumpen. Jeder einzelne noch so kleine Ast wird mit Saftenergie versorgt, um sein Blattwerk auszuschmücken, seine Knospen zu öffnen, sein Wachstum voranzubringen.

Wir halten unsere Ohren an Baumstämme, zapfen Birkensaft und fangen den Baumsaft aus frisch geschnittenen Bäumen auf. Wir spüren dem pulsierenden Leben in den Bäumen nach. Die grüne feuchte Rinde der Weide, Esche, Linde oder Fichte nutzen wir für den Pfeifenbau.

MATERIAL

- **Holzäste von der Weide, Esche, Linde, Fichte**
- **Schnitzmesser**
- **Klappsäge**

Du benötigst eine glatte Rute, astlos und daumendick (1,5–2,0 cm). Davon wird ein Stück zwischen zwei Knospen sauber abgesägt.

An dem Ende, das schmaler ausläuft, wird nun das Mundstück zurechtgeschnitten: Etwa eine halbe Astdicke vom Mundstückanfang ansetzen und eine Hohlkehle bis etwa zur Mitte des Durchmessers schnitzen. Das Mundstück soll sich angenehm zwischen deinen Lippen anfühlen.

Nun schneiden wir noch ungefähr eine Handbreit vom Mundstück aus die Rinde rundherum ein.

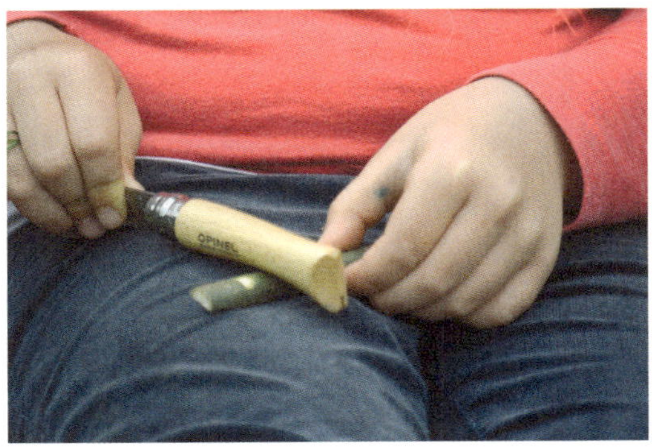

Für das Mundstück der Maipfeife wird das schmal auslaufende Ende eines Astes zurechtgeschnitzt. Die Rinde wird vorsichtig rundherum eingeschnitten, dann mit dem Messergriff vorsichtig abgeklopft, bis sie sich in einem Stück ablöst.

Lege das eingeschnittene Aststück am besten auf dein Bein und klopfe mit einem Messergriff oder einem etwas größeren Holzstück vorsichtig die komplette Rinde ab, bis diese sich gleichmäßig mit einem kleinen Drehen

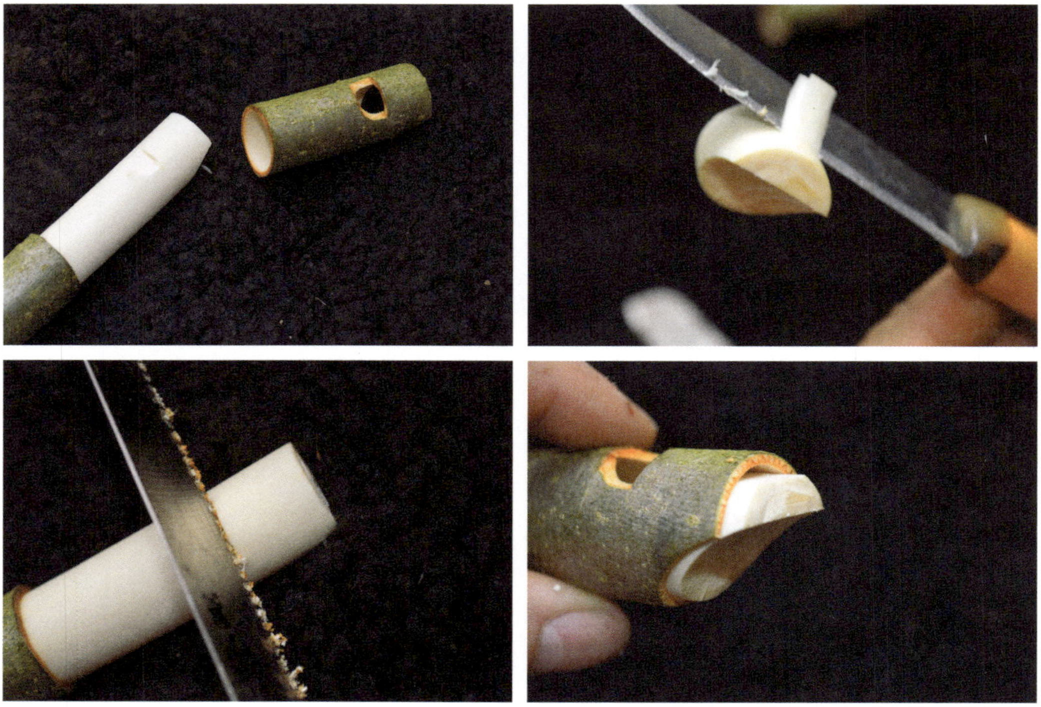

Die Rinde wird vorsichtig abgelöst (oben links). Mit einem Messer wird der Luftkanal geschnitzt (oben rechts). Dann wird das Holzstück abgesägt (unten links), damit sich das Rindenstück bis zum Lochanfang einschieben lässt. Zuletzt wird das abgesägte Mundstück wieder in die Rinde eingeschoben (unten rechts).

und Knacken als Röhre ablösen lässt. Die Rinde aber noch nicht abziehen!

Nun schneiden wir das Loch ein, an dem die Luft austritt. Etwa 1 cm hinter der Hohlkehle des Mundstücks, auf der gegenüberliegenden Seite, schneiden wir einen senkrechten Schnitt durch die Rinde und noch ein wenig in das Holz. Ein Schrägschnitt von hinten lässt das Loch entstehen. Achtung, es muss sehr sauber geschnitten werden (scharfes Messer!).

Nun ziehe vorsichtig mit einer ganz leichten Drehbewegung die Rinde ab.

Setze dann das Messer am Grund des Loches an und schnitze in Richtung Mundstück den Luftkanal ab. Nimm dabei nach vorne ein wenig mehr ab, damit zwischen Mundstück und aufgeschobener Rinde ein kleiner Luftkanal entsteht.

Ist der Luftkanal geschnitzt, sägst du an derselben Stelle das Holz ab, damit du das Holzstück bis zum Lochanfang in die Rindenröhre einschieben kannst.

Nun schneidest du noch vom restlichen Holzstück etwa 1 cm ab und schnitzt an die entstandene Kante ringsum eine kleine Fase.

Jetzt kannst du die Rinde wieder auf das Holzstück aufschieben (dabei darauf achten, es nicht zu verdrehen).

Die Pfeife ist nun fertig. Durch Hin- und Herschieben der Rinde während des Pfeifens verändert sich der Ton.

Zauberstab

Die lichten und magischen Kräfte in der Natur berühren uns besonders im Frühjahr, und das Erwachen der Natur macht für Kinder die Elfen, Trolle und Naturwesen wieder sichtbar. Für Kinder sind das Wirklichkeiten, zu denen Erwachsenen oft der Zugang fehlt.

Meine Tochter hatte einen magischen Zauberstab, mit dem sie über die Wiese wirbelte und ihr unsichtbares Gefolge herbeirief. Der Zauberstab wurde für sie ein kraftvoller Begleiter in der Schule, vor Prüfungen, und liegt auch heute noch in ihrer Tasche bei besonderen Aufgaben.

Auch als Redestab wird der Zauberstab im Kreis herumgereicht.

MATERIAL

- **Ast mit Astauge**
- **Stein, Edelstein, Kristall oder anderes Fundstück**
- **Säge**
- **Schnitzmesser**
- **Schleifpapier (grobkörnig und feinkörnig)**
- **Birkenkleber, Fichtenkleber oder anderer Kleber**
- **Öl zum Polieren (Leinöl, Salatöl)**

Der Zauberstab wird aus einem Ast vom Obstbaum gefertigt. Oft liegen diese Äste vom Wind abgebrochen unter den Bäumen oder noch vom Herbstbaumschnitt am Rande einer Streuobstwiese. Besonders Apfel- und Birnenbäume und wilde Kirschbäume im Wald haben in den Ästen sogenannte Astaugen, die durch Windschäden entstehen oder wenn Äste abgebrochen wurden und der Baum selbst versucht, diese Wunden zu heilen. Es bildet sich im Ast ein kleiner Hohlraum aus Hilfsgewebe, das der Baum bildet, um die entstandenen Wunden zu verschließen.

Ein besonders geformter Ast wird, geschält, poliert und nach Wunsch geschmückt, zum Zauberstab.

Mit deinem Schnitzmesser kannst du vorsichtig um das Astauge herum die Rinde entfernen, was bei Ästen, die schon länger liegen, durch die Verwitterung sehr leicht geht.

Du kannst den Ast dann noch in Form schnitzen oder auch nur abschälen oder einfach natur belassen.

Möchtest du einen glatten Zauberstab, schleife ihn mit einem Schleifpapier ab, je feiner, desto schöner kommt die Maserung des Holzes heraus.

Jetzt kannst du einen Edelstein, Kristall oder ein anderes besonderes Fundstück mit Birkenteer, Fichtenkleber oder auch Kraftkleber im Astauge festkleben.

Nach der Trockenzeit wird der Stab noch mit Leinöl eingelassen und danach glänzend poliert, damit er all seine verborgenen Zauberkräfte entfalten kann.

Geschichte über Astaugen für kleine Kinder:

Warum die Astaugen kleine Fenster sind

Vor langer, langer Zeit, als die Menschen sich noch mit Pflanzen und Tieren unterhalten konnten, lebten die Baumelfen in den Wiesen und Wäldern und auf den Bäumen. Schaute man genau hin, konnte man die kleinen grünen Elfen mit ihren langen Beinen und Ohren vergnügt von Ast zu Ast springen sehen. Manchmal tanzten sie auf der Wiese mit anderen Naturwesen und Schmetterlingen oder lagen nur faul in der Sonne. In diesen Zeiten hatten die Baumelfen noch ein glückliches und unbeschwertes Leben und kümmerten sich nur um die Jahreszeiten.

Doch dann brach eine Zeit heran, in der die Menschen immer unzufriedener wurden und sich immer größere Häuser bauten und größere Straßen, um die Häuser schnell zu erreichen. Die Menschen waren dermaßen beschäftigt mit anderen Dingen und vergaßen ganz, sich um die Bäume, Pflanzen und Tiere zu kümmern. Sie hatten immer weniger Zeit und erfanden große Maschinen, die für sie Arbeiten erledigen konnten.

Bäume wurden mit lauten Maschinen gefällt, und niemand machte sich mehr die Mühe, genau hinzuschauen, welcher Baum da eigentlich Platz machen musste oder für Brennholz klein gehackt werden sollte. Oft mussten die Baumelfen plötzlich eilig davon laufen und sich ein neues Zuhause suchen. Das wurde sehr anstrengend für die kleinen Naturwesen, und sie begannen, sich etwas zu überlegen. So kamen die Baumelfen auf die Idee, sich in den Ästen und Stämmen der Bäume kleine Fenster einzusetzen, um von dort aus immer hinausschauen zu können, ob sich jemand dem Baum näherte.

Tja, diese Methode klappte sehr gut und sprach sich unter allen Baumelfen herum. Und weil Baumelfen genauso verschieden wie Menschen sind, haben einige viele Fenster und andere wenige Fenster im Baum.

Waldhorn

In alten Zeiten haben sich Jäger und Schäfer mit dem brummigen Ton der Waldhornsignale über weite Entfernungen verständigt. Das Waldhorn ist eines der ältesten Blasinstrumente und das primitive Vorläufermodell der Oboe.

MATERIAL
Eschenhupe:
1 fingerdicker glatter Ast 4–5 cm (zwischen 2 Knospen)

Waldhorn:
Eschenast, ca. 3–5 cm dick und mindestens 1 m lang
Wichtig ist, dass der Ast keine oder nur wenige Queräste und Verzweigungen hat.

Brennnesselfasern oder Bast (z. B. Linden- oder Ulmenbast)

WERKZEUG
- **Klappsäge**
- **Messer**
- **Ahle oder Handbohrer**

Für das Waldhorn brauchst du zunächst einmal eine Eschenhupe, die als Mundstück für das Waldhorn dient. Die Eschenhupe ist schnell angefertigt.

Lege den abgesägten Ast auf dein Bein und klopfe mit dem Messergriff oder einem etwas größeren Stück Holz vorsichtig die komplette Rinde ab, so wie beim Bau der Maipfeife. Streiche dabei immer wieder den Saft nach vorne aus, bis die Rinde sich gleichmäßig mit einem kleinen Drehen und Knacken als Röhre ablösen lässt.

Der spiralförmig eingeschnittene und vorsichtig abgelöste Rindenstreifen wird, vom schmalen Ende her beginnend, wieder aufgewickelt und am Ende mit einem kleinen Aststück fixiert.

Von diesem gelösten Rindenstück musst du nun ganz vorsichtig an einer Seite etwa 1–1,5 cm der oberen Rindenschicht abschaben, bis der Bast frei liegt. Lass das Rindenstück beim Abschaben am besten auf dem Holz liegen, so kann man besser schaben.

Ziehe dann die Rinde ab und drücke das freigelegte Rindenstück etwas zusammen, sodass es fast rechteckig aussieht. Drücke so lange an der Form, bis du beim Durchblasen einen lauten Hupton erzeugst.

Jetzt nimm den etwa 1 m langen Ast zur Hand und schneide vorsichtig alle Zweige des Astes ab, ohne die Rinde zu verletzen.

Nun wird die Rinde auf der gesamten Astlänge in etwa 5 cm breiten Windungen spiralförmig bis auf das Holz eingeschnitten. Achte dabei darauf, wirklich gründlich bis aufs Holz einzuschneiden. Dann kannst du die Rinde vorsichtig mit den Fingern vom Ast lösen. Wickle die Rinde, von der dünnen Seite des Astes beginnend, eng auf. Der Anfang der Wicklung ist so dick wie die Eschenhupe. Du erhältst so ein langes oder schneckenförmig gewickeltes Horn.

Mit dem Handbohrer bringst du nun an der vorletzten Windung der weiten Öffnung gegenüberliegend zwei Löcher an.

Durch diese Löcher schiebst du ein Ästchen, um das Rindenband zu befestigen. In das dünne Waldhornende steckst du die vorgefertigte Eschenhupe.

Bring eine Wicklung aus Brennnesselfasern oder Bast an, damit die Verbindung gut hält.

Wenn wir mit Kindern Eschenhörner bauen, ist es anschließend Pflicht, die Lautstärke der Hörner zu testen. Deshalb wandern wir gemeinsam an den Waldrand. Von dort aus strömen die Kinder in alle Himmelsrichtungen aus, und ich bleibe mit meinem Waldhorn zurück. Jedes Kind positioniert sich an einem Platz und wartet auf mein Startsignal. Wenn ich mein Waldhorn tönen lasse, antworten alle Kinder mit ihren Waldhörnern, und es entsteht ein wunderbares Waldhornkonzert in ganz unterschiedlichen Klangfarben.

Aus Rindenstücken entstehen Schalen, in denen man sogar Tee kochen kann, und Schöpfkellen in verschiedenen Größen.

Schale, Schöpfkelle und kleiner Löffel aus Baumrinde

Nicht selten trifft man beim Waldspaziergang zu Beginn des Frühjahrs auf gefällte Fichten. Dort, wo Fichten gefällt wurden, sieht es ehr wüst aus, denn Fichtenbestände im Wald werden mit modernen Erntemaschinen gefällt, entastet und entrindet. Zurück bleiben dabei ein Haufen Äste und Rinde. Die Rinde liegt in langen Stücken dazwischen oder lässt sich sehr gut von liegengelassenen Ästen abschälen. Die Fichtenrinde ist etwa 2–3 mm dick und im feuchten Zustand sehr biegsam und geschmeidig und erinnert an Leder.

Auch Birkenrinde ist ein tolles Bastelmaterial und ähnlich geschmeidig wie Leder, deshalb spricht man auch von Birkenleder. In Sibirien wachsen Birken mit besonders geschmeidiger Rinde. Dort werden traditionell Birkendosen, Taschen und vieles andere aus dem Birkenleder gefertigt.

MATERIAL

- **astlochfreie Fichtenrinde oder Birkenrinde**
- **Schnur, Brennnessel, Linden- oder Ulmenbast**
- **Schnitzmesser**
- **Klappsäge**

Schale

Die feuchte Fichtenrinde wird zunächst in der gewünschten Größe deiner Schale zurechtgeschnitten. Nutze möglichst viel zwischen zwei Ästen für ein Rechteck aus, das du nun zurechtschneidest. Dafür legst du die Rinde auf ein flaches Holzbrett und schneidest mit der Messerspitze das Rechteck aus.

Vier kleine fingerdicke Äste werden etwas oberhalb der Mitte mit einer Wicklung aus Schnur oder Bast versehen und bis zur Wicklung gespalten. Diese »Klammern« benötigst du gleich.

Du kannst die Rinde auch einen Tag in Wasser einweichen, sollte sie nicht feucht genug sein, damit sie sich leichter falten lässt.

Jetzt wird aus der Fichtenrinde ein Behälter gefaltet, indem du die Ecken in 45-Grad-Richtung einknickst und anschließend zur Seite faltest, so ähnlich wie man es beim Geschenke-Einpacken macht. Es entsteht ein Behälter. Mit den Astklammern fixierst du nun jede Ecke.

Die Schale ist so robust, dass du sie, mit Wasser gefüllt, direkt auf die Glut stellen und das Wasser zum Kochen bringen kannst.

Schöpfkelle
Die feuchte Fichtenrinde schneidest du kreisrund aus und faltest sie mit einem Knick, wie bei der Schale, ein. Spalte einen längeren Ast am vorderen, schmalen Ende ein wenig – vorher bring eine Schnurwicklung bis zum Spaltende an. Forme einen zylindrischen Löffel und fixiere ihn mit der Astklammer.

Kleiner Löffel
Schneide aus einem Stück Birkenrinde oder Fichtenrinde ein Rechteck und runde eine Seite ab. Die rechteckige Seite wird etwas in Richtung Rundung mittig eingeschnitten. Nun spalte einen Ast (Wicklung nicht vergessen) für den Griff und falte/schiebe die eingeschnittene Rechteckseite etwas übereinander – es formt sich ein Löffel. Jetzt schiebe den Ast mit dem Spalt darüber. Fertig ist der Löffel!

Frühlingsfee aus Märchenwolle

Warum sprechen uns im Frühling einige Pflanzen besonders an, und andere übersehen wir regelrecht? Die Gestaltung einer Frühlingsfee mit Märchenwolle und Frühlingsblumen gibt die Möglichkeit, diese Frage zu beantworten oder auszudrücken. Die meisten Kinder haben schon eine Lieblingsblume oder -pflanze, die sie auserwählen.

Bevor es ans Basteln geht, ist es gut, die Pflanze mit allen Sinnen zu erfahren. Dabei ist es nicht entscheidend, den Namen zu finden, Kinder geben meistens selbst gerne Fantasienamen, sondern wir erforschen Aussehen, Geruch, Struktur und bei ungiftigen Pflanzen den Geschmack. Später kann man sich auch gemeinsam mit einem Bestimmungsbuch um den genauen botanischen Namen kümmern. Durch diese Sinneserfahrung entstehen bezaubernde Feen der Lieblingspflanze entsprechend in Farben und Form.

MATERIAL
- **Pfeifenputzerdraht**
- **Märchenwolle**
- **Filznadeln**
- **Faden und Schere**
- **Unterlage aus Schaumstoff oder Gummi**

Mit dem Pfeifenputzerdraht biegst du dir den Puppenkörper zurecht.

Nun beginnst du, mit heller Märchenwolle den Kopf zu umwickeln und vorsichtig mit einer Filznadel zu verfestigen. Danach wickelst du die Arme und verfestigst diese auch mit der Filznadel.

Wenn Kopf und Arme deiner Frühlingsfee stabil sind, kannst du beginnen, sie anzukleiden. Bearbeite auch die Kleiderschichten immer wieder mit der Nadel, damit sie gut halten. Ein zu langes Kleid kann mit der

Der Körper der Fee wird aus Pfeifenputzerdraht geformt.

Schere zurechtgeschnitten werden, auch die Wollhaare kannst du nach deiner Vorstellung frisieren.

Mit einigen dünnen Fäden aus der Wolle können Rock oder Schürze abgebunden oder auch Schleifen angebracht werden.

Wenn deine Frühlingsfee fertig ist und du sie gerne aufhängen möchtest, kannst du mit einer Stopfnadel einen Faden am Hinterkopf befestigen. Mit einem Sträußchen Frühlingsblumen oder Kräutern im Arm vertreibt sie sicher auch die letzten kalten Tage.

Blumenpresse

Wer einen Spaziergang mit Kindern über eine bunte Blumenwiese macht, kennt ihren Spaß und die helle Begeisterung, die Blumenpracht zu pflücken und mit nach Hause zu nehmen. Für Kinder ist es ein elementares Bedürfnis, Blumen zu pflücken, einfach um des Pflückens willen. Die Freude an Wildblumen in der Vase ist von kurzer Dauer, und schon nach wenigen Tagen wird uns die Vergänglichkeit des Lebendigen durch traurig herabhängende Blüten vor Augen geführt. Deshalb ist es eine Freude, besonders hübsche Blumen und Kräuter trocken zu pressen, und zwar nicht einfach in einem alten Katalog, sondern in der eigenen Blumenpresse.

MATERIAL

- **2 Holzplatten oder gut getrocknete Baumscheiben, mindestens 20 × 20 cm**
- **4 Schrauben mit Platte für rechteckige oder quadratische Pressen oder 5–6 für runde Baumscheiben und entsprechende Anzahl Flügelmuttern**
- **Kartonzuschnitte**
- **Löschpapier oder Butterbrotpapier**
- **Farbe und Pinsel oder Stempel zum Bedrucken und Gestalten der Deckel**

Die einfachste Art von Blumenpresse: zwei Holzstücke, die mit einer Schnur fest zusammengebunden werden.

Aus Holzscheiben, Reisig, Moos und anderen Naturmaterialien entstehen Kränze, in denen sich zum Beispiel eine Pflanze platzieren lässt.

Wilder Naturhandwerker-Tipp
Der nette Schreiner in deiner Nähe schleift dir die beiden Flächen sicher gerne und schnell schön glatt. Und für ihn ist es auch keine große Arbeit, dir gleich mehrere Platten zu schleifen.

Die Holzplatten werden an den vier Ecken durchbohrt oder fünf bis sechs Löcher in gleichmäßigen Abständen in die runden Baumscheiben gebohrt.

Karton dementsprechend eckig oder rund zurechtschneiden, ebenso das Löschpapier für die Zwischenlagen.

Blumenpresse aus einem Holzbrett
Eine besonders hübsche Blumenpresse mit wenig Material lässt sich aus zwei Brettern oder Baumscheiben anfertigen. Die Baumscheiben lassen sich von einem dickeren Ast absägen, oder manchmal findet man zwei zusammenpassende Baumscheiben im Brennholz oder als Abfall im Sägewerk oder beim Schreiner. Diese Blumenpressen sind einfach und schnell angefertigt und sehen sehr schön aus.

MATERIAL
- **2 gleich große Bretter oder Baumscheiben mit flacher Oberfläche**
- **Schleifpapier**
- **2 feste Schnüre oder Kordeln**
- **kleiner Ast**

Suche dir von den Brettern oder Baumscheiben die jeweils bessere plane Fläche aus und schleife sie noch wenn nötig mit dem Schleifpapier glatt.

Auf das auf der Innenseite plan geschliffene Holz legst du die Pflanze und schnürst wie bei einem Paket mit einer Schnur um alle der Seiten die Baumscheiben zusammen.

An der oberen Seite, an der die Schnüre zusammengebunden wurden, schiebst du einen kleinen Ast durch beide Schnüre und drehst einige Male fest. So werden beide Holzstücke mit der Schnur fest zusammengepresst.

Das streng zusammengedrehte Holzstück mit einer weiteren Schnur um die beiden Platten fixieren, bis die Blume getrocknet ist.

Kränze und Nester aus Reisig

Die Winde der Frühjahrsstürme sind uns behilflich, unter Birken oft eine Menge Äste oder auch Birkenreisig genannt zu finden. Aus diesen langen feinen Ästen lassen sich mit wenigen Handgriffen schöne Kränze binden. Für jüngere Kinder gebe ich mit einer Weidenrute, die zum Kreis fixiert wird, eine Rundung vor. Egal ob für ein kleines Osternest, als Türkranz oder Kopfschmuck lässt sich Reisig wunderbar leicht verarbeiten.

Vogelnestsuche
Aus dem Nestbau mit Reisig lässt sich auch ein schönes Wahrnehmungsspiel gestalten.
Einige Nester werden von einer Gruppe oder von einer Person entlang eines Waldpfades in Bäumen versteckt. Nun werden die Vogelnester in den Bäumen nur mit den Augen beim Abgehen des Waldpfades im Fuchsgang und Eulenblick gesucht.

Erlenkönigs Bienenvolk

Majestätisch steht die Erle gerne mit den Füßen im Wasser an Seeufern oder an Bächen. Im Frühjahr naschen die Bienen den süßen Nektar der blühenden Kätzchen, und die Aprilwinde brechen die hübschen runden Zapfen von den Ästen. Am Ufer kann man viele kleine und große davon finden.

Eine spannende Beobachtung machten die Kinder einer Waldwichtelgruppe im Frühjahr nach der Ausholzung am Bach, wo frisch geschlagene Erlenhölzer lagen. Einige Tage später kamen wir wieder an der Stelle am Ufer vorbei, und nun lagen da plötzlich orangerote Stämme, die vorher hell wie ganz normales Holz waren. Einige Kinder waren

Aus Erlenzapfen, ein wenig gelber Wolle, Papier und Faden enstehen im Nu »Bienen«.

der Meinung, die Stämme seien angemalt worden, und es begann eine genaue Inspektion des Holzes. Welche Erklärung könnte es für diese Verfärbung geben? Die Frage blieb unbeantwortet. Beim nächsten Treffen wollte ein Junge unbedingt als Erster im Redekreis sprechen. Er bekam den Redestab und berichtete: »Ich weiß, wer das Holz am Bach angemalt hat! Die Luft und die Sonne!«

Und er hatte recht, denn Erlenholz oxidiert stark, wenn es an der Luft liegt und das Licht darauf scheint. Das haben wir im Kreis anschließend noch genau geklärt, und alle Kinder trugen dazu bei, indem sie erzählten, was sie in Erfahrung hatten bringen können. Die Begeisterung für die Erle und das orangefarbene Holz hielt an, und wir bastelten viele Erlenbienen, mit denen wir dann die Erlenbäume am Bach schmückten und so das Frühjahr willkommen hießen.

MATERIAL
- **Erlenzapfen**
- **gelbe Schafwolle**
- **weißes Pergamentpapier**
- **Faden zum Aufhängen**
- **verschiedene Äste**

Ein Erlenzapfen ist der Bienenkörper. Ein wenig gelbe Wolle bildet die Streifen, und aus einem schmalen Stück abgerissenem Pergamentpapier, das in der Mitte wie ein Propeller gedreht wird, entstehen die Flügel der Biene.

Naturwebrahmen

Sinneswerkstatt mit und in der Natur oder »Land Art« ist für Kinder eine wunderbare Beschäftigung, wenn sie nach einem langen Schultag oder einer anstrengenden durchstrukturierten Woche das Bedürfnis nach »einfach so sein« mitbringen. Vergängliche Objekte in der Natur entstehen ohne technische Hilfsmittel, aus dem Moment heraus aus Erde, Steinen, Pflanzen, Sand und Wasser zu wunderschönen Kunstwerken und lassen uns tief in die Elemente der Natur eintauchen.

Eine ebenso freie und inspirierende Art ist es, Naturwebrahmen zu bauen und diese dann mit Kräutern, Pflanzen und Rinden zu verweben. Ein Naturwebrahmen kann auch einfach zwischen zwei Baumstämmen entstehen oder aber aus Ästen gefertigt sein.

MATERIAL
- **Astgabeln vom Haselnussstrauch**
- **Äste**
- **2 Baumstämme**
- **Jutegarn oder Paketschnur**
- **Taschenmesser**
- **Naturmaterialien**
- **Säge**

Wir suchen uns verschiedene Astgabeln, die oft im Wald auf dem Boden zu finden sind, oder wir sägen uns vom Haselnuss einiges Grünholz zurecht. Wer seinen Webrahmen lieber klassisch binden möchte, kann natürlich auch vier Äste in etwa gleicher Länge sammeln und jeweils an den Ecken umwickeln, sodass ein Rahmen entsteht.

Ist der Rahmen des Naturwebrahmens gefunden, beginnen wir mit der Wicklung der Schnur. Die Schnur wird am Anfang ver-

In einem Naturwebrahmen frische Blumen, Gräser und andere Fundstücke aus der Natur zu verweben, bietet ein riesiges Potenzial an Kreativität.

knotet und nun immer quer zwischen zwei Ästen gespannt. Um einen festen Halt zu erzielen, umwickeln wir die Enden, jeweils abwechselnd doppelt und ziehen die Schnur immer wieder fest. Das Ende wird einfach mit einem Knoten abgeschlossen.

Ich ziehe mit diesen fertiggestellten Rahmen gerne mit den Kindern in den Wald und lasse sie selbstständig verschiedenes Naturmaterial finden. Oder wir binden an Ort und Stelle die Webschnüre ein, und sie können sofort dort mit dem Einweben beginnen. So entstehen die wundervollsten Naturwebarbeiten, denn die Kinder lassen sich von ihrer Intuition führen und finden manchmal ganz außergewöhnliche Materialien zum Verarbeiten.

Ein toller Blickfang und eine sehr schöne Dekoration für Feste, an Naturplätzen, in Räumen oder im Garten sind Naturwebrahmen aus Astgabeln in verschiedenen Größen, die unten anspitzt und in die Erde gesteckt werden. Oder man baut einen Riesennaturwebrahmen zwischen zwei nicht zu dicken Bäumen und befüllt ihn. Bitte nicht im Wald ohne Genehmigung des Försters erbauen!

Waldwichtelthron

Die Menschen in früheren Zeiten lebten in sehr enger Verbindung zur Natur. Ihre Beobachtungen für Vorgänge in der Natur waren präzise und ihre Wahrnehmungen intensiv. Kinder besitzen noch die Fähigkeit, sich ihrer Umwelt vollständig hinzugeben, die Erwachsene kaum nachempfinden können.

Mit dem Erwachen der Natur durch die ersten Sonnenstrahlen im Frühjahr erwachen auch die Naturwesen und werden für Kinderaugen sichtbar. Abtauchen in eine Zauberwelt mit Waldwesen, Elfen und Trollen an einem Platz im Wald mit verwitterten Baumstümpfen und bemoosten Steinen durchdringt kleine und meistens auch ältere Kinder mit einem tiefen Gefühl der Verbundenheit zur Natur. Meist habe ich bunte Wolle und Naturmaterial wie Zapfen, Muscheln oder Blüten dabei, wenn ich weiß, dass wir an so einen verwunschenen Platz kommen. Begeistert lassen sich die Kinder auf diese Wichtelwelt ein und bauen kleine Wohnungen in hohle Baumstämme, und es entsteht ein Waldwichteldorf mit putzigen Bewohnern und guten Königen.

MATERIAL

- **dickere Baumscheibe mit 5–8 vorgebohrten Löchern**
- **5–8 dünne Äste, die in die Löcher passen, z. B. getrocknete Weide**
- **Fichtenharzstick (siehe Seite 88) mit Wärmequelle oder frisch gesammeltes Baumharz**
- **Material zum Ausflechten wie z. B. Weide, Birkenreisig, Wolle, Schnüre, Gräser ...**
- **Schnitzmesser oder Schere**

Aus einer dicken Astscheibe und ein paar dünnen Ästen entsteht ein Thron für Waldwichtel und Fee aus Märchenwolle.

Wenn du die Baumscheiben nicht vorbereitest, denke daran, dir für die Löcher einen dickeren Handbohrer einzupacken.

Bohre je nach Größe deiner Holzscheiben am Rand fünf bis acht Löcher in einem Abstand von etwa 1,5 cm in der Stärke deiner Äste.

Stecke die vorbereiteten Äste fest in die Löcher. Solltest du die Löcher zu groß gearbeitet haben, erhitze etwas Fichtenharz und gib einige Tropfen in das Loch, bevor du den Ast hineinsteckst. Wenn du keine Wärmequelle zu Verfügung hast, nimm einfach etwas Baumharz zum Festkleben.

Beginne damit, wie bei einer Acht, mit deinen Weidenruten um die eingesteckten Äste zu flechten. Immer abwechselnd um eine herum. Ist die eine Weide zu Ende, lege die nächste so an, dass ein paar Zentimeter überstehen. Lege die Weidenruten jeweils so an, dass möglichst immer ein dünnes Ende an ein dickes Ende angelegt wird. Damit bleibt das Geflecht schön gleichmäßig. Die Überstände werden am Schluss abgeschnitten.

Biege das Material, während du dich langsam nach oben arbeitest, immer wieder halbkreisförmig nach innen, um dann einen schönen Thron zu erhalten.

Den Abschluss kannst du gleichmäßig abschneiden oder verflechten oder kleine Samen, Nüsse oder andere Materialien daraufstecken. Sollten sie nicht halten, verwende wieder den Fichtenharzstick als Kleber.

Wilder Naturhandwerker-Tipp
Baue dir einen eigenen Waldwichtelthron, auf dem du sitzen kannst!
Die Technik ist die gleiche. Du brauchst einen Baumstamm, in den du Löcher vorbohrst, und lange Weiden, die du dann verflechtest.

Wildes grünes Kräuterhandwerk im Frühling

Waldfeenbad

Die Farbpalette der Natur ist großartig und ihre verschiedenen Nuancen farbenfroh und lebendig leuchtend. Im Frühling sammeln wir das Bunte ein, um es für den Winter aufzubewahren. Ein warmes Bad an kalten Tagen im bunten Blütenmeer mit Erinnerungen an den Sommer ist Balsam für die Seele kleiner und großer Waldkinder.

ZUTATEN

- **Blüten von Rosen, Ringelblumen, Ehrenpreis, Schafgarbe, Glockenblumen, Veilchen, Kornblumen, Holunderblüten, Obstbaumblüten**
- **grobes Meersalz**
- **Haushaltsnatron**
- **Gläser mit Schraubdeckel oder Zellophantütchen und Bänder**

Blüten zum Trocknen auf einen Karton auslegen (1–2 Tage).

Getrocknete Blüten nach Wunsch mischen.

In einer Schale Meersalz und Natron (im Verhältnis 3:1) mischen. Blüten daraufgeben oder schichtweise einfüllen.

Besonders schön sehen die Blüten in einem Glas, mit grobem Meersalz geschichtet, aus.

Wilder grüner Kräuterhandwerker-Tipp
In der wilden grünen Kosmetik wird Haushaltsnatron zur Hautpflege verwendet. Es ist günstig, macht die Haut weich und geschmeidig und gleicht den Säure-Basen-Wert aus.

Fichtenspitzensirup

Leuchtend locken ab Anfang Mai die jungen Fichtenspitzen in zartem Hellgrün. Sie schmecken leicht säuerlich. Die ätherischen Öle erinnern an Weihnachten und Hustenzucker.

MATERIAL

- **hellgrüne Fichtenspitzen**
- **Krümelkandiszucker**
- **1 großes Glas mit Schraubdeckel**
- **Sieb**

Den eigenen Fichtenspitzensirup herzustellen, ist über Tage ein unterhaltsames und spannendes Erlebnis, denn es ist langsam zu beobachten, wie aus dem Ansatz Sirup wird. Fülle beide Zutaten Schicht für Schicht in ein Glas, wobei du mit einer Schicht Kandiszucker beginnst und mit Fichtenspitzen endest.

Das Glas wird mit dem Schraubdeckel verschlossen und an einen sonnigen Ort gestellt. Nun kommt dir die Sonne zu Hilfe und löst den Kandiszucker auf.

Ist der Zucker vollständig verflüssigt, seihen wir die Fichtenspitzen ab und füllen den Sirup in saubere Flaschen. Gut verschlossen ist der Sirup bis zu einem Jahr haltbar.

Wikingersalz

Die eisige Kälte und die langen und dunklen Winter in den skandinavischen Ländern haben die Bewohner dieser Gebiete zu Spezialisten in Konservierung und vitalstoffreicher Ernährung gemacht.

Die Birke ist ein Baum der Leichtigkeit, und seine Inhaltsstoffe sind für den menschlichen Organismus belebend und vitalisierend. Das frische Birkengrün kann man auch gleich so vom Baum naschen. Für das Wikinger-Birkensalz trocknen wir die Blätter und vermahlen diese dann im Mörser mit Salz. Das grüne Wikingersalz schmeckt lecker im Salat, auf Gurkenscheiben oder auf Butterbrot.

MATERIAL

- **Salz**
- **Birkenblätter**
- **Mörser**
- **Glas mit Schraubverschluss oder Korkenverschluss**

Salz und Birkenblätter werden im Steinmörser fein zerrieben.

Die getrockneten Birkenblätter im Verhältnis 1:3 mit dem Salz in einem Mörser vermischen und fein mahlen. Anschließend füllst du das fertige Wikingersalz in Gläser und verschließt sie luftdicht. Waren die Birkenblätter noch ein wenig feucht, lass das Salz noch einen Tag auf einem Blech oder Papier in der Sonne trocknen.

Jahreshustensirup

Um heilkräftige Kräuter über einen längeren Zeitraum kennenzulernen und zu sammeln, bietet es sich an, einen Jahreshustensirup herzustellen, der im Winter bei Halsschmerzen, Entzündungen im Rachen und Husten heilsam und lindernd wirkt. Sein süßer Geschmack nach Kräutern ist für kranke Schleckermäulchen keine bittere Medizin.

MATERIAL

- **flüssiger Honig**
- **Heilkräuter für Hals und Rachen:**

Huflattichblüten, Spitzwegerich, Salbei, Huflattichblätter, Ringelblumenblüten, Eibischblüten

Im zeitigen Frühjahr stellst du ein Glas mit neutralem, flüssigem Honig bereit. Immer wenn du draußen unterwegs bist und eine Pflanze findest, die heilsam für Hals und Rachen ist, nimm ein bis zwei Teile von ihr mit, schneide sie klein und lege sie in den Honig. Wichtig ist immer, gut umzurühren, nachdem eine neue Pflanze hinzugekommen ist oder bei Bedarf auch Honig aufzufüllen; die Pflanzenteile müssen immer bedeckt sein!

Im zeitigen Frühjahr sprießt das zarte Grün des Bärlauchs unter der Laubdecke des Waldbodens hervor und verbreitet seinen würzigen Duft.

Bärenkraftnahrung

Bären halten Winterschlaf, und wenn sie im Frühling mit den ersten warmen Sonnenstrahlen noch müde und mit steifen Gliedern vom langen Liegen aus ihrer Höhle krabbeln, brauchen sie als erste Nahrung, die sie zu sich nehmen, etwas was ihren Bärenkörper wieder in Schwung bringt und die eingeschlafenen Bärenkräfte wieder zu neuem Leben erweckt. Bären halten Ausschau nach dem Bärlauch. Aber nicht nur Bären können nach einem langen Winter diese Energienahrung gut vertragen, auch den Menschen tut es gut, mit der grünen Bärenkraftnahrung die müden Lebensgeister zu vitalisieren. Und während anstrengender Zeiten im Laufe des Jahres stärkt eine Portion bärige Kraftnahrung Körper und Geist.

ZUTATEN

- **2–3 Handvoll Bärlauchblätter**
- **1 EL Salz**
- **Mörser**
- **Olivenöl**
- **Gläser mit Schraubdeckel**

Bärlauchblätter unter wenig fließendem Wasser reinigen, klein schneiden und im Mörser mit dem Salz zu einer Paste verreiben.

Die Masse mischst du mit Olivenöl und füllst sie in saubere Gläser ab.

Das Pesto im Glas mit Olivenöl bedecken und die Gläser gut verschließen.

So ist deine Bärenkraftnahrung bis zum nächsten Frühling haltbar.

Das Pesto ist sehr lecker zu Nudeln oder aufs Brot, mit geriebenem Parmesan oder Nüssen vermischt.

Blütenseifen

Waschstücke für kleine Waldschöngeister und saubere Handwerkerhände.

Mit Kernseife lassen sich wunderschöne Seifen herstellen. Kleinere Kinder können diese einfachen Seifen schon gut selbstständig herstellen und widmen sich mit großer Begeisterung dem Kneten und Formen der duftenden Waschstücke.

MATERIAL

- **Blüten**
- **Mandelöl**
- **Kernseife**
- **Ausstechformen**
- **Kordel**

Bedecke zerkleinerte und getrocknete oder frische Blüten mit Mandelöl und lasse die Masse etwas einweichen.

In der Zwischenzeit kannst du Kernseifenstücke auf einer groben Reibe in eine Schüssel raspeln.

Vermische die Seifenflocken mit dem Blüten-Mandelöl und knete es, bis sich feste Kugeln formen lassen.

Die Seifenmasse kannst du auch in Ausstechformen drücken oder in die Kugeln bunte Bänder einarbeiten, sodass du die Blütenseifen aufhängen kannst. Die Blütenseifen sind sofort gebrauchsfertig, härten aber noch etwas nach.

Die Seife lässt sich auch mit Kräutern herstellen und mit einigen Tropfen ätherischem Öl beduften.

Aus zarten Holunderblüten entsteht eine Elfenseife. Es ist ein sehr sinnlicher Prozess, mit den Händen die Seife zu kneten und zu formen.

Wilde Werkstattküche im Frühling

Die Pflanzen entfalten mit den ersten warmen Sonnenstrahlen ihre gesamte Pracht und Schönheit und bieten sich an, sie zu kosten, zu riechen und zu sammeln.

Mutbonbons

Brennnesseln sind sogenannte Ruderalpflanzen, das heißt, sie folgen dem Menschen überall dorthin, wo er sich niederlässt.
Diese vielseitige und gesunde Pflanze hat sich wehrhafte kleine Stacheln zugelegt, damit sie wegen ihrer vielen Vitamine und Mineralstoffe nicht ausgerottet wird. Deshalb braucht es schon ein wenig Mut, sie zu sammeln. Wer ist mutig und traut sich, Brennnessel-Bonbons zu naschen? Es gibt da nämlich einen Trick: Die Blätter immer von unten nach oben berühren und nur die oberen jungen Triebe fassen und fest zwischen den Fingern zusammenrollen. So brechen nämlich die Stachelhaare ab, und du kannst die zusammengerollten Mutbonbons auf deiner Zunge zergehen lassen …

»Det Kraut kenn ich«, sagte der Deibel und setzte sich in die Nesseln.
Volkstümlich

Brennnesselchips

Gesunde Nascherei für alle und immer und zwischendurch.

ZUTATEN

- **Brennnesselblätter**
- **Bratöl**
- **Pfanne**
- **Bratwender**
- **Sieb**

Brennnesselblätter (junge Triebe oder Spitzen) sammeln. Die kannst du gut von unten nach oben abstreifen, ohne dich zu brennen. Oder sammel mit Handschuhen.

Sammelgut verlesen, aber nicht waschen! In einer Pfanne hocherhitzbares Öl erhitzen und die Brennnesselblätter goldbraun braten. Vorsicht, das geht sehr schnell!

Lass die Brennnesselchips in einem Sieb abtropfen und nasche sie noch warm.

Ein besonderer Knabberspaß sind selbst gemachte Chips aus Brennesselblättern.

Waldrandschnecken

Nach einer Wanderung durch den Wald nehmen wir gerne den Pfad am Waldrand für den Rückweg. Dort gibt es viele essbare Kräuter im Wildkräutergarten der Natur zu entdecken, die wir für eine leckere Mahlzeit ernten. An warmen und sonnigen Plätzen am Waldrand leuchten im zeitigen Frühling bereits vereinzelt bunte essbare Blüten auf, mit denen die kleinen Gourmets ihren Gerichten eine besondere Dekoration verleihen.

ZUTATEN

Füllung:

- Knoblauchsrauke, Bärlauch, Gundermann, Löwenzahnblätter, Gierschblätter, Veilchen
- Frischkäse oder Ricotta

Für den Teig:

- 2 Eier
- 1 Tasse Mehl
- 1 Tasse Milch
- etwas Wasser
- 1 Prise Salz
- Öl

Für die süße Variante:
Agavensirup oder Dattelsirup und ohne Bärlauch und Knoblausrauke!

KOCHUTENSILIEN

- **Schüssel**
- **Tasse**
- **Schneebesen**
- **Pfanne**

Die gesammelten Waldrandkräuter werden nach dem Verlesen klein geschnitten.
Bei Pflanzen mit festeren Stängeln entferne diese oder zerkleinere sie gut.

Alle Zutaten für den Teig (bis auf Öl) rührst du in einer Schüssel zu einem lockeren Teig.

Erhitze Öl oder Butterschmalz in der Pfanne und backe dünne Pfannenkuchen goldgelb aus.

Die ausgekühlten Pfannkuchen bestreichst du mit Frischkäse oder Ricotta und belegst sie mit den vorbereiteten Waldrandkräutern. Rolle die Pfannkuchen vorsichtig auf und schneide 2–3 cm dicke Scheiben ab.

Auf einem Brett oder flachen Teller richtest du die Schnecken an.

Die Waldrandschnecken können auch süß zubereitet werden. Gib dafür Agavendicksaft oder Dattelsirup auf den Frischkäse und streue dann die Kräuter darüber.

Auf einer großen Pfanne über dem Feuer werden die Waldrandschnecken knusprig gebacken.

Aus den ersten neun Kräutern des Frühlings wird eine traditionelle Keltensuppe gekocht: Brennnessel, Gundermann, Vogelmiere, Huflattich, Gänseblümchen, Spitzwegerich, Löwenzahn, Scharbockskraut, Bärlauch.

Die Suppe bringt nach einem langen, kalten Winter neuen Schwung und Energie.

Keltensuppe

Menosgada war zur Keltenzeit eine große Ringwallanlage am Obermain. Noch heute kann man die Wohnsiedlung und den Himmelsteich, den wichtigen Wasserspeicher der Bewohner, erkennen. Eine Reise in die mystische Vergangenheit der Siedler und Krieger am Heimatort ist ein unvergessliches und spannendes Abenteuer für Kinder. Solche Spuren aus der Vergangenheit sind fast überall zu entdecken, wenn man ein wenig recherchiert. Oft geben Ortsnamen gute Anhaltspunkte dafür.

Kinder werden zu Siedlern und Kriegern und lieben es, Geschichten aus längst vergessenen Zeiten zu hören. Und wenn sie dabei noch die Speisen dieser Helden schmecken können, scheinen diese lebendig mit beim Mahl am Lagerfeuer zu sitzen.

ZUTATEN

- **Butter oder Schmalz**
- **Kräuter und Pflanzenteile, Blüten und Blätter von Bäumen; traditionell im Frühjahr mit 9 Kräutern (z. B. Brennnessel, Gundermann, Scharbockskraut, Vogelmiere, Schafgarbe, Bärlauch, Spitzwegerich, Gänseblümchen, Huflattichblüten)**
- **Wasser**
- **Salz**
- **Schmand nach Belieben**

Schmelze das Fett im Topf und gib die sauberen Pflanzenteile hinein. Lass alles kurz andünsten, bevor du mit Wasser aufgießt. Die Suppe einige Minuten je nach Pflanzenteilen kochen lassen.

Original wäre die Keltensuppe für unsere Geschmacksnerven sehr fad. Deshalb lasse ich die Kinder immer erst die Keltensuppe pur kosten, damit sie diese Erfahrung machen können, bevor ich Gewürze oder Schmand hinzufüge. Und es sind immer viele Kinder dabei, die ihre Suppe essen wollen wie ein »echter Kelte«.

Wiesendudler

Ein gesunder und leckerer Durstlöscher für fleißige Handwerker ist der Wiesendudler. Fast alle Zutaten sind in der Natur zu finden, und je länger das Getränk ziehen kann, desto intensiver wird der Geschmack. Die geschmackliche Ähnlichkeit zum bekannten »Almdudler« ist erstaunlich.

ZUTATEN

- **1 l spritziges Mineralwasser**
- **1 l Apfelsaft**
- **10 Stängel Giersch**
- **2 Stängel Gundermann**
- **1 Stängel Schafgarbe**
- **1 Zitrone**

Die Zutaten in einem Topf oder einer Karaffe mit der Flüssigkeit ansetzen, dabei die Zitrone vierteln und den Wiesendudler einige Stunden ziehen lassen.

Blütenpralinen

Gesund naschen und Energie tanken! Diese Blütenpralinen für starke Kinder mit Köpfchen bestehen aus leckeren Zutaten und lassen sich das ganze Jahr über in verschiedensten Variationen herstellen. Der Grundteig bleibt immer gleich, und Blüten, Kräuter und junge Baumblätter werden der Jahreszeit entsprechend nach Geschmack hinzugefügt. Auch ganz kleine Naturkinder können beim Sammeln und Zubereiten gut mithelfen und zupfen, mischen und kneten.

ZUTATEN

- **10 Datteln**
- **12–15 getrocknete Aprikosen**
- **Kräuter: Spitzwegerich, Löwenzahn, Giersch, Gundermann, Frauenmantel, Löwenzahn**
- **Baumblätter: Linde, Birke**
- **Blüten: Gänseblümchen, Ringelblumen, Wiesensalbei, Frauenmantel**
- **Haferflocken**
- **gemahlene Mandeln**
- **etwas Orangensaft**
- **Sesam**
- **Kokos**
- **Kakao**

Die Pralinen können nach Wunsch und je nachdem, was gerade verfügbar ist, mit essbaren Blüten dekoriert werden.

KOCHUTENSILIEN
- **Schneidebrett**
- **Messer**
- **kleine Schälchen**
- **große Schüssel**

Datteln, Aprikosen und Kräuter werden klein geschnitten, Blüten gezupft.

Mische in einer großen Schüssel Haferflocken und Mandeln, gib die zerkleinerten Datteln, Aprikosen und Kräuter hinzu sowie etwas Orangensaft. Verknete den Teig und forme kleine Pralinenkugeln.

Die Pralinen kannst du noch nach Belieben in bunten Blüten, Sesam, Kokos oder Kakao wälzen.

Waldmeistertrank

Wenn der Meister des Waldes nach einem langen Tag in sein Lager zurückkehrt, wünscht er sich, zum Tagesausklang gemütlich die Beine hochzulegen und einen leckeren Trank zu genießen.

Schnell und einfach zubereitet, ist der Waldmeistertrank mit Wasser oder Apfelsaft. Der gesammelte Waldmeister wird zu einem Sträußchen gebunden und kopfüber in das Wasser oder den Apfelsaft gehängt. Der Geschmack des Waldmeisters entfaltet sich innerhalb einer halben Stunde, und je länger er ziehen kann, desto intensiver wird das Aroma.

ZUTATEN
- **Waldmeister (3–6 Zweige)**
- **Wasser oder Apfelsaft**

Die Waldmeisterzweige werden zum Strauß zusammengebunden und kopfüber in die zu aromatisierende Flüssigkeit gehängt.

Sonnenaugen

Kochen mit Kindern am offenen Feuer macht allen viel Spaß, und es entstehen oft köstliche neue kulinarische Kreationen. In einer Mädchengruppe waren alle eifrig mit Schnipseln, Rühren und Braten der Hauptspeisen beschäftigt, bis einem Mädchen, unserer »naschenden Wildkatze«, auffiel, dass die Nachspeise vergessen worden war. Mit einem Blick erfasste sie unsere Essensvorräte, holte die restlichen Bananen hervor, schälte und schnitt sie in Scheiben. Diese richtete sie auf einem großen Holzteller an und dekorierte jede Scheibe liebevoll mit einer Löwenzahnblüte. Nach dem Essen reichte sie den Holzteller strahlend im Kreis herum und bot ihre »leuchtenden Sonnenaugen« zum Nachtisch an. Für uns entfaltete sich ein neues Geschmackserlebnis, und seitdem gibt es öfter den leckeren Nachtisch der »naschenden Wildkatze«.

ZUTATEN
- **Bananen**
- **Löwenzahnblüten**

Wer geduldig und mit genügend Ausdauer schüttelt, erhält die beste Butter.

Unkrautbutter

Ein wenig Ausdauer ist beim Butterschleudern schon gefragt. Aber das Ergebnis belohnt dann alle! Was gibt es Erfüllenderes, als herzhaft in ein Brot, bestrichen mit selbsthergestellter Butter, zu beißen?

ZUTATEN
- **Schlagsahne (30 % Fett)**
- **1 Prise Kräutersalz**
- **essbare Blüten und Kräuter, klein gehackt**
- **1 Flasche mit weitem Hals (gut eignen sich Flaschen von Tomatensauce)**
- **3–5 Holzkugeln (optional)**

Die gut gekühlte Sahne wird in die sauber ausgespülte Flasche gefüllt, fest verschlossen und nun geschüttelt, bis Butter entsteht.
Die fertige Butter in eine Schüssel geben und die Blüten und Kräuter daruntermischen.
Wer möchte, kann die Kräuterbutter mit einer Prise Kräutersalz abschmecken.

Wilder Werkstattküchen-Tipp
Um Butter stichfest zu schlagen, ist Kühlung nötig, deshalb hilft es, die Glasflasche immer wieder in eiskaltes Wasser zu stellen und dann wieder zu schütteln.

Sommer und Spätsommer

Zeitqualität und Bedeutung für ein naturverbundenes Leben mit Kindern

Die Natur zeigt sich uns in ihrer kostbarsten und herrlichsten Pracht und Fülle. Barfuß laufen wir über den warmen Erdboden und spüren die Verbindung mit dem Leben. Es fühlt sich an, als breite Mutter Erde ihren Reichtum vor uns aus und lüde uns ein zum Spielen und Toben. Wir spüren die unerschöpfliche Energie der Schaffenskraft in uns und nehmen uns leichter die Zeit zum Genießen, Auftanken und Entspannen. Zeiten des Lichts und der Sinnlichkeit werden uns geschenkt, Leichtigkeit trägt uns durch den Alltag, und eine Hochstimmung der Gefühle stellt sich ein. Die Stunden der langen Tage und Nächte gestalten unseren Lebensrhythmus, es sind Wochen der Feste und der Abende am Lagerfeuer.

Die Natur lädt uns ein, draußen Zeit zu verbringen, zum Sammeln und Verarbeiten, zum Bewahren der Kostbarkeiten für die Wintermonate. Wir gönnen uns Stunden der Muße und zum Verwöhnen von Körper und Seele. Wir fühlen uns draußen zu Hause, verbringen Nächte unter dem Sternenzelt und tanken die Himmelsenergie der Sommerplaneten und zählen Sternschnuppen. Die beschwingende Energie des Südens weckt Begeisterung, Neugierde und Wissensdurst für Neues! Die Freude, sich auszuprobieren, sich in Tätigkeiten zu vertiefen, lässt uns ein Stück unseres Herzpfades erahnen.

Sommer ist die beste Jahreszeit, um die Elemente der Natur mit allen Sinnen zu erfahren. Manche Kinder lassen sich von kleinen Käfern verzaubern, andere bearbeiten ein Stück Holz, matschen und planschen im Wasser oder beobachten still tanzende Blüten im Wind; doch alles geschieht mit einem Höchstmaß an Konzentration.

Naturnahe Begleitung im Sommer

- Die Erde ist aufgewärmt und lädt zum Barfußlaufen ein. Probieren Sie mit Ihren Kindern viele verschiedene Untergründe aus, über die sie laufen. Machen Sie einen Parcours daraus und probieren Sie verschiedene Gangarten auf unterschiedlichen Böden aus.
- Laufen Sie mit verbundenen Augen über unterschiedlichen Waldboden und fühlen Sie, was da unter Ihnen liegt. Sind es Nadeln, Moos, kleine Steinchen usw.
- Legen Sie sich still auf den Waldboden oder in eine Wiese und lauschen Sie mit Ihren Kindern. Fühlen Sie sich wie eine kleine Feldmaus, und lassen Sie die große Welt, durch die Sie toben und springen, einmal ganz klein werden.
- Betrachten Sie verschiedene Bäume und Pflanzen und vergleichen Sie die Entwicklung der Blätter und Früchte. Vielleicht entdecken Sie Bäume, die ihre Blätter schon wie welkes Laub zusammenrollen?
- Gehen Sie auf Federnsuche, denn im Juli beginnen die ersten Vögel mit der Mauser.

- Suchen Sie Bäche, Seen und Flüsse auf und schauen den Wasserstand an und suchen dort nach tierischen Bewohnern.
- Binden Sie aus Klettenlabkraut einfache Kränze.
- Stellen Sie sich ins Springkraut, das oft in feuchten Gebieten wuchert, und lassen Sie die Samenkapseln springen. Probieren Sie die leckeren Samen auch mal!
- Lassen Sie Ihre Kinder mit Wasser und Matsch spielen und experimentieren.
- Schlafen Sie draußen unter dem Sternenzelt und lassen Sie sich im Morgengrauen von den Vögeln und den warmen Strahlen der Sommermorgensonne wecken.
- Machen Sie Nachtwanderungen oder lauschen Sie in die Dämmerung, was bewegt sich da am nächtlichen Himmel? Sind es Fledermäuse oder Vögel?
- Machen Sie eine Klettenschlacht.
- Naschen Sie wilde Brombeeren, Himbeeren und Heidelbeeren.
- Verlegen Sie Ihren Haushalt nach draußen und führen Sie mit Ihren Kindern einen »wilden Haushalt«.
- Essen Sie viele bunte Speisen.

Wildes Naturhandwerk im Sommer

Filzen

»Es riecht nach Schaf. Die Mama filzt wieder«, rief mein ältester Sohn immer aus, wenn wir in unserer Filzwerkstatt zu Gange waren. Selbst die frische Luft im Freien konnte seine feine Nase nicht täuschen.

Kinderleicht und ohne großen Aufwand lassen sich einfache Formen filzen. Filzwolle ist leicht zu besorgen, und meistens bleiben Wollreste übrig, die gerne zu kleinen Objekten verarbeitet werden. Geeignet sind am Anfang dreidimensionale Formen wie Bälle und Kugeln, um sich mit dem Material vertraut zu machen. Kinder haben viel Spaß dabei und erstellen mit Seifenschaum und Wolle zahlreiche Filzwerke – schnelle Erfolgserlebnisse sind garantiert.

Filzen bietet Groß und Klein gestalterische und handwerkliche Entfaltungsmöglichkeiten und spricht alle Sinne an. Es verbindet uns mit der zweiten Jahreszeit und bringt uns voll und ganz ins Tun!

Filzkugeln werden mit wenig Kleber in Eichelhütchen gesteckt und ergeben so eine hübsche Dekoration oder einen Schmuckanhänger.

Schatzbeutel filzen

»Was können wir denn Mutter Erde schenken, wenn sie uns so reich beschenkt?«
Einen Korb, reich gefüllt mit bunten Blumen, Kräutern und Kirschen, brachten die Kinder stolz nach unserem Nachmittag in der Natur mit. Wir setzten uns in einen Kreis und breiteten die Ernte auf einem weißen Leinentuch in unserer Mitte aus. Die Kinder sammelten ihre Ideen für die Verarbeitung der Naturmaterialien und lernten nebenbei neue Pflanzen kennen, Merkmale, sie zu unterscheiden, und einiges über das Ökosystem. Doch am Ende stand immer noch die Frage im Kreis, ob wir der Erde nicht auch immer was zurückgeben sollten, wenn wir uns etwas von ihr mitnahmen. So kamen die Kinder auf die Idee, immer einige Samen- und Getreidekörner an den Orten, an denen sie etwas geerntet hatten, auszustreuen, um dafür Sorge zu tragen, dass immer wieder neue Pflanzen nachwachsen und sich verbreiten können.

Medizinbeutel
Im Medizinbeutel der Indianer wird keine Medizin, wie wir sie heute definieren würden, aufbewahrt. Es ist ihre ureigenste Medizin, die persönliche Heilung bringt. Das bedeutet, in einem Medizinbeutel trägt der Indianer Gegenstände mit sich, die für ihn von Wert sind und ihm helfen können, Kraft zu schöpfen und Heilung zu finden. Steine, getrocknete Pflanzenteile, eine Muschel oder die Knochen eines Tieres. Die heiligen Gegenstände im Medizinbeutel sind nur dem Indianer bekannt, der ihn trägt.

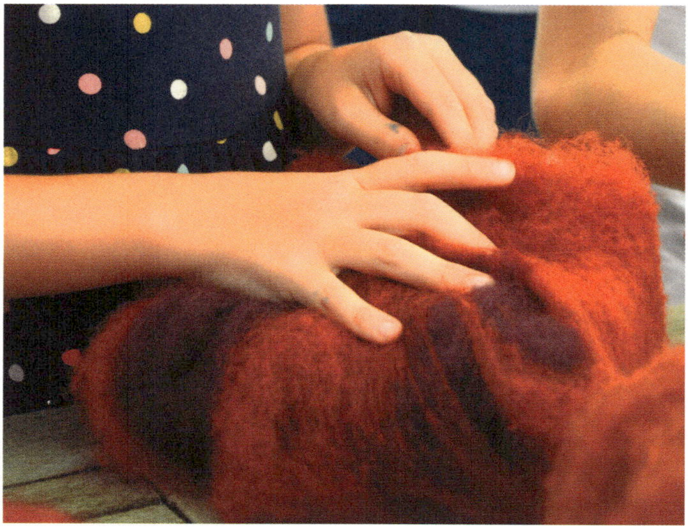

Wollschicht für Wollschicht wird der Stein gut eingepackt.

In diesem Schatzbeutel werden Kürbissamen gesammelt, die dann Mutter Natur zurückgegeben werden, um daraus neue Früchte zu bilden.

Die besonderen Schätze für »Mutter Erde« brauchen auch einen entsprechenden Beutel, den jedes Kind leicht mit sich tragen kann. Deshalb entschieden sich die Kinder für das Filzen eines Schatzbeutels. Und mit der Technik des Umfilzens eines Steines können bereits die Kleinsten ihren eigenen Schatzbeutel filzen und für den Zweck gebührend gestalten.

MATERIAL

- **1 flacher Stein (Flussstein)**
- **Schafwolle zum Filzen**
- **Olivenseife**
- **Schüssel mit Wasser**
- **Wanne mit Wasser, vermischt mit einem Schuss Essigessenz**
- **Nagelschere**
- **Bänder oder Wollgarn**
- **verschiedene Materialien zum Verzieren**
- **Stopfnadel und Faden**

Ich wähle die Steine nach der Größe der Kinderhände aus, also kleine Kinder beginnen erst einmal mit einem kleineren Stein, und ältere Kinder können auch schon einen größeren Flussstein umfilzen. Filzen erfordert Ausdauer und Geduld, deshalb immer viel Zeit und Muße einplanen!

Filzen könnte man eigentlich überall, wo es eine Wasserquelle gibt. Stehend an einem Tisch oder sitzend auf dem Boden, wichtig ist eine Gummiunterlage, denn es könnte mit Kindern auch zu einer lustigen Schaumparty werden, und es wäre schade, wenn die Filzobjekte mit Erde, Steinchen und Gräsern angereichert werden.

Bevor es ans Nassfilzen geht, ist es wichtig, die Wolle Schicht für Schicht gleichmäßig um den Stein zu legen, also die Form aufzu-

Mit Seife und kräftigem Handeinsatz wird der Stein fest umfilzt.

Wie ein Schatz liegt der Stein im Beutel. Spannend der Moment, wenn er herausgeholt wird, und man den fertigen Beutel vor sich hat.

bauen. Je genauer und feiner du dabei die Wolle auflegst, umso leichter ist später das Nassfilzen. Zwei bis drei Schichten sollten es sein.

Dann kannst du damit beginnen, die Wolle mit Wasser und Seife zu benässen. Dafür nimmst du das Seifenstück in die nassen Hände und schäumst es kräftig auf. Spare zu Anfang nicht mit Wasser, damit die Wollschichten wirklich ganz durchnässt werden.

Ist die Wolle rundum durchnässt und angefilzt, kannst du mit größerem Druck reiben, bis sich alle Fasern rundum gut miteinander verbunden haben. Die Wolle schrumpft dabei sichtlich und wird fester.

Seife immer wieder gut die Hände ein und reibe mit Druck und Ausdauer, während du den Stein immer wieder drehst und wendest.

Mit einer Zupfprobe lässt sich feststellen, ob sich keine Fasern mehr lösen. Dafür nimm einfach den Filz zwischen zwei Finger und zupfe ein wenig. Lösen sich noch viele einzelne Wollfasern, fahre mit Reiben und Einseifen fort.

Ist dein Filzstück fest, spülst du den umfilzten Stein in einer Wanne in mit einem Schuss Essig vermengtem Wasser gut aus.

Jetzt kommt der große Augenblick, du kannst deinen Filz aufschneiden. Mit einer kleinen Nagelschere lassen sich die Filzschichten gut aufschneiden. Nun schiebe und drücke den Stein aus deinem Filzbeutel heraus. Dafür kannst du den Beutel auch etwas aufdehnen.

Die Kanten und Flächen des Beutels können nun gedreht und gewendet und auch nochmal nachgefilzt werden.

Immer wenn du wieder Seife verwendest, denke daran, die Reste im Essigwasser auszuwaschen, denn das getrocknete Filzobjekt würde mit Seife in der Wolle schnell porös werden.

Oft sind durch die verschiedenfarbigen Wollschichten wunderschöne Farbverläufe und Muster entstanden, die wie eine zauberhafte Überraschung wirken.

Den fertigen Beutel kannst du an der Sonne ein wenig antrocknen lassen oder gleich anschließend fertig gestalten.

Naturfarben

Bildnerische Spuren führen durch die Geschichte der Menschheit. Die Ähnlichkeit der Darstellungen, egal ob von Menschen in der Wüste, im Gebirge, im Urwald oder in der Großstadt gezeichnet, zeigt das genetische Programm, welches in der Erinnerung eines jeden Menschen wurzelt. Die ursprünglichen Farben der Menschen waren Rot, Schwarz, Weiß und Gelb. Die Farben in der Natur erfüllen einen wichtigen Zweck zur Tarnung und Signalwirkung. Mit der Herstellung von Naturfarben lässt sich experimentieren und die natürlichen Farbergebnisse immer aufs Neue verändern und in ihrer einzigartigen Ausdrucksweise verwenden. Damit lassen sich selbstgebaute Objekte, Schafwolle, Stoffreste und Bilder auf Papier individuell gestalten.

Naturfarben werden aus Beeren, Erde und heimischen Färberpflanzen hergestellt.

Es ist auch möglich, Farbe von Pflanzen zu gewinnen, indem man das Pflanzenmaterial für etwa 10 Minuten in einem alten Topf auskocht.

Farbenformel:
Farbpigment + Lösungsmittel + Bindemittel
Farbpigmente: *Saft aus Pflanzen und Beeren, feste Pigmente mit einem Mörser ganz fein mahlen*
Lösungsmittel: *Ei in Wasser oder Öl (Sonnenblumenöl, Leinöl)*
Bindemittel: *Quark, Ei, Öl, Vaseline, Kleister oder Gummiarabikum*

Kleine Farbauswahl:
Rot: Rote Bete, Malvenblüten, Hagebutten
Violett: Rotkohlblätter, Holunderbeeren (auch ungekocht)
Braun bis Schwarz: grüne Walnussschalen, schwarzer Tee, starker Kaffee
Grün: Himbeerblätter, Brombeerblätter, Ebereschenblätter, Spinat, Brennnesselblätter
Gelb: Löwenzahnblätter, Birkenblätter
Goldgelb bis Rostbraun: Zwiebelschalen, Rainfarn

MATERIAL

- **Färbepflanzen**
- **1 Messer**
- **1 Schneidebrett**
- **1–2 alte Töpfe**
- **1 Sieb**
- **1 Rührlöffel**
- **1 Gefäß für die fertige Farbe mit Deckel**

Trage alte Kleidung, denn Pflanzen färben stark!

Du kannst die Pflanzenteile trocknen, so hast du auch im Winter Färbematerial. Aber auch frisch verwendet, erzielst du mit dieser Methode schöne Farben.

Zerkleinere immer nur Pflanzenteile einer Pflanzenart, damit du auch das gewünschte Farbergebnis bekommst.

Gib die zerkleinerten Pflanzenteile in einen alten Kochtopf und bedecke sie mit Wasser. Bringe nun den Brei zum Kochen und rühre dabei immer wieder um.

Du kannst nun beobachten, wie sich der Brei verfärbt. Halte das Sieb und den Behälter für die Farbe oder den zweiten Topf bereit. Ist der Brei abgekühlt, siebe ihn durch und die Pflanzenfarbe ist fertig.

Die Früchte des Holunders werden vom Stängel gezupft und im Mörser zerquetscht. Reife Holunderbeeren ergeben einen kräftigen Rotton.

Körpermalfarbe

- *Kartoffelstärke*
- *warmes Wasser*
- *1 Prise Zucker (für bessere Farbqualität)*
- *3 g Kieselsäure (Hautschutz)*
- *Gewürze, Erde, Blätter, Früchte*

Kartoffelstärke und Wasser im Verhältnis 3:1 mischen. Die restlichen Zutaten dazugeben und los geht's mit dem Bemalen deines Körpers.

Naturpinsel

Nichts für Einfaltspinsel ist das Anfertigen eines Naturpinsels aus unterschiedlichen Materialien.

Das Malen mit selbst gebastelten Naturpinseln ist für die Motorik von Kindern wunderbar geeignet und eine sehr prägende Sinneserfahrung.

Als Pinselhalter dienen uns gerade Äste, die etwas länger als normale Stifte sind. Die Naturborsten bestehen aus Materialien, die wir vorher gesammelt haben. Bis auf den extrem festen Pinsel, der hergestellt wird wie die Naturzahnbürste (siehe Seite 114) werden die Materialien jeweils zurechtgeschnitten und um den Ast festgebunden.

Diese Naturpinsel können immer wieder individuell angefertigt werden und fast vollständig (Draht kann auch wiederverwendet werden) nach dem Gebrauch in der Natur entsorgt werden, wenn sie mit Naturfarben verwendet wurden.

Für kleine Kinderhände eignen sich Naturpinsel wunderbar, um tolle Kunstwerke zu schaffen.

MATERIAL

- **Federn**
- **Fichtenspitzen**
- **getrocknete feste Gräser**
- **Äste**
- **Waldrebe**
- **Schere**
- **Draht**
- **Bindefaden**

Malen, zeichnen und experimentieren mit Naturfarben und Naturpinseln ist eine ganzheitliche Sinneserfahrung für Koordination und Motorik und fördert die Ausbildung neuronaler Verbindungen im Gehirn.

Naturseife

Die Seifenherstellung ist immer ein herausragendes Ereignis in der wilden Naturwerkstatt. Fast wie in einem Märchen mutet es an, wenn viele kleine fleißige Hände behutsam und mit größter Achtsamkeit Töpfe, Becher, Rührlöffel und Flaschen herbeischaffen, sich gewissenhaft vorbereiten, und die Kinder genau wissen, jetzt passiert gleich etwas Besonderes. Den Kindern tut es sehr gut, wenn man mit ihnen gemeinsam auch Dinge ausprobiert, die in vielen Büchern als gefährlich und äußerst gewagt beschrieben werden. Wichtig ist es, sie vorher genau aufzuklären und mit ihnen Sicherheitsregeln zu erarbeiten. Seifenrühren ist nicht so kompliziert, wie es oft dargestellt wird.
Ich bespreche vorher genau mit den Kindern, worauf zu achten ist, und kläre sie ausreichend über mögliche Gefahren auf. Bisher haben immer alle achtsam und vorsichtig beim gemeinsamen Seifenrühren agiert.

Also, keine Angst vor dem Seifensieden in der Natur, aber immer Vorsichtsmaßnahmen einhalten, Kinder aufklären und als Erwachsener gefährliche Handgriffe übernehmen!

Einfaches Seifenrezept

Das Basisrezept für eine einfache Pflanzenölseife basiert auf nur drei pflanzlichen Ölen zu folgenden Anteilen:

- **250 g Kokosöl**
- **350 g Olivenöl**
- **300 g Rapsöl**
- **120 g Natriumhydroxid (NaOH, erhältlich in der Apotheke) für eine 9%ige Überfettung**
- **260 g Wasser**

Seifensieder müssen sich stets bewusst sein, dass sie mit gefährlichen Stoffen hantieren. Alle Gefäße, Werkzeuge und Hilfsmittel müssen griffbereit sein. Besonders wichtig: Alle Gefäße müssen groß genug sein.

Die Mengen sind so berechnet, dass die Seife gut überfettet ist, das heißt, sie enthält noch unverseifte Öle, was die Seife milder macht und die Hautaustrocknung beim Waschen reduziert. Seifen, die wie in diesem Rezept ausschließlich mit natürlichen Inhaltsstoffen hergestellt werden, bezeichnet man als Naturseife.

- **1 Handvoll Blüten oder Kräuter klein schneiden und in einem Teil Olivenöl einweichen.**

Folgende Utensilien bereitlegen:

- **1 großer Topf für 3–4 Liter Inhalt aus rostfreiem Edelstahl**
- **1 kleiner Topf zum Mischen der Laugenlösung**
- **1 Kochlöffel aus Holz zum Umrühren der Seifenmasse**
- **Messbecher oder Gefäß aus Plastik oder Glas, um die Lauge abzuwiegen**
- **Küchenwaage mit Messtoleranz 1 g**
- **1 Holzkiste, ausgelegt mit Frischhaltefolie, für die Seifenform**

Da beim Anrühren der Laugenlösung ätzende Dämpfe entstehen, ist darauf zu achten, die Dämpfe nicht einzuatmen und draußen an der frischen Luft zu sieden. Achtung: Die rohe Seifenmasse selbst ist auch leicht ätzend!

Wasser sollte in unmittelbarer Nähe sein, um Laugenspritzer sofort mit kaltem Wasser abwaschen zu können.

Seife herstellen

Die Pflanzenöle bzw. das Pflanzenfett werden in dem großen Topf erwärmt, bis alle flüssig sind.

Als Erstes schmelze die festen Fette und gib dann die flüssigen Fette in den Topf. Verrühre die Fette gut miteinander, aber lass sie nicht kochen. Nimm den Topf von der Hitzequelle, damit die Fette etwas abkühlen können.

Stelle in der Zwischenzeit die Laugenlösung her, indem du die weißen Kristalle in kaltem Wasser oder Tee auflöst.

Achtung: NIEMALS das Wasser über die Lauge gießen, stets die Lauge langsam ins Wasser geben. Anderenfalls kann es zu Verpuffungen und Herumspritzen der gefährlichen Lauge kommen.

Die Lösung wird sich stark erwärmen und ätzende Dämpfe bilden. Für gute Belüftung sorgen und die Dämpfe nicht direkt einatmen. Vermeide auch Hautkontakt mit der Lauge.

Die heiße Laugenlösung kannst du nun vorsichtig in den Topf mit dem Öl, das immer noch etwa 50–60 Grad warm sein sollte, gießen. Dadurch bildet sich sofort eine milchige Masse.

Seifenrühren ist (k)ein Hexenwerk. Frische Kräuter machen die Seife besonders kostbar. Nach der Ruhezeit in der Form ist die mild duftende Naturkräuterseife zum Gebrauch bereit.

Mit dem Rührlöffel stetig rühren, bis die Seifenmasse puddingartig eindickt. Die Masse ist fest genug, wenn man mit dem Löffel darauf »schreiben« kann, das heißt, wenn der Löffel Spuren hinterlässt.

Nun wird die Masse in die Seifenform gegeben und bleibt mindestens 48 Stunden in der Form. Die Verseifung, der Prozess, der die Öle in Seife umwandelt, setzt sich in der Seifenform weiter fort. Durch diese chemische Reaktion wird der Laugenanteil nach und nach geringer.

Bis du deine Seife mild schäumend verwenden kannst, ist noch ein wenig Geduld gefragt. Etwa sechs bis acht Wochen muss sie noch ausreifen, bis sie der Qualität einer hautfreundlichen, neutralen Seife entspricht.

Wildkräutertrockner

Kinder sind kluge Upcycling-Spezialisten, die mit genialen Ideen aus Müll und alten, von anderen als unbrauchbar entsorgten Dingen Neues und Nützliches entwickeln.

Auf einer Abfallsammelaktion im Wald entdeckten die Kinder einen Stapel alter Obstkisten neben einem Haufen Plastikverpackungsmaterial. Beides luden sie in den Bollerwagen, um den achtlos entsorgten Müll an einer Sammelstelle abzuladen. Beim Sortieren des Mülls aus dem Wald packten zwei Mädchen die Obstkisten ein, um sie mit in unser Camp zu nehmen. Anfangs dachten sie daran, die schönen Holzkisten zum Aufbewahren für Feuerholz zu nutzen, bis sie die geniale Idee hatten, daraus ein Trockenregal für die Wildkräuterernte zu bauen.

Mit wenigen Handgriffen entsteht aus alten Holzkisten eine einfache Trockenvorrichtung für die gesammelten Wildkräuter.

MATERIAL
- **Gaze oder Tüllstoff**
- **Obstkiste**
- **Schnur oder Nägel**
- **Hammer**

Schneide den Stoff etwas größer als die Obstkiste zu, sodass die vier Enden gut an der Kiste halten. Spanne den Stoff auf die vier Enden und binde sie mit der Schnur fest. Für mehr Stabilität kannst du noch einige Nägel in die Seiten der Obstkiste einschlagen.

Caretaker, die Hausmeister der Natur
Arbeiten, die Erwachsene häufig als lästig und unangenehm empfinden, bereiten Kindern viel Spaß und werden von ihnen mit großer Freude und Gründlichkeit erledigt.

Kinder fühlen sich verantwortlich für ihr Lebensumfeld und sind auch bemüht, es harmonisch und schön zu gestalten. Erwachsene leben es vor, Natur und Umwelt wertzuschätzen und zu pflegen. Ein gesundes Bewusstsein dafür entsteht durch eine Beziehung zur Natur, den Pflanzen und dem Lebensumfeld. Wenn Kinder diese Haltung kennen und sich als ein Teil davon sehen, beginnen sie ganz automatisch, die Natur zu schützen und zu pflegen.

Mithilfe einer Edelstahlflasche und passenden Stängelstücken des Staudenknöterichs entsteht eine einfache, aber effektive Wasserfilteranlage.

Wasserfilteranlage aus der Natur

Der Sommer war extrem trocken und heiß. Schon seit Wochen hatte es nicht mehr geregnet, und auch an diesem Nachmittag zeigte das Thermometer über 30 Grad an. Die Kinder des Survival-Grundlagenkurses hatten sich im schattigen Wald Laubhütten errichtet und gingen nun ihrer nächsten überlebenswichtigen Aufgabe nach, sich Trinkwasser zu suchen. Denn die Wasservorräte des Vortages waren so gut wie aufgebraucht. Der Fußmarsch zur Quelle zehrte an ihren Kräften, und als sie endlich am Ziel ankamen, entdeckten sie mit Entsetzen, dass die Quelle bis auf ein kleines Rinnsal ausgetrocknet war. So konnten sie ihre Flaschen nur mit schlammigem Wasser auffüllen, das sie aber auf keinen Fall trinken durften, ohne es vorher zu filtern.

MATERIAL

- **Trinkflasche aus feuerfestem Edelstahl**
- **Japanischer Staudenknöterich (ein dünnes hohles Stängelstück und ein dickeres mit Nodie, also Blattknoten)**
- **Schnitzmesser**
- **Säge**
- **Becher oder Gefäß**
- **Feuer**

Fülle die Edelstahlflasche mit Wasser und stecke oben in die Öffnung ein Knöterichstück, mit der Nodie nach oben zeigend. Die obere Nodie bleibt geschlossen, denn seitlich wird ein Loch schräg eingeschnitten, in das du nun ein dünnes hohles Stück Staudenknöterich schiebst. Stelle diese Konstruktion in die Glut, damit das Wasser kochen kann. Sobald das Wasser zu köcheln beginnt, tropft Wasserdampf (Destillat) aus dem Röhrchen.

Der Staudenknöterich ist ungiftig, stabil und feuerfest, sodass du auch direkt in ihm kochen kannst.

Geschichte vom Reh im Bach

Die Kindergruppe hatte sich auf den Weg in den Wald gemacht, um für die Herstellung von Naturschnüren Material zu sammeln. Der schmale Trampelpfad in den Wald führt durch ein verwachsenes Gebiet mit hohen Sträuchern, und wenn wir die Abkürzung nehmen, müssen wir ein ganzes Stück einen Hang hinaufklettern. Oben angekommen und wieder auf dem Weg, waren einige Kinder durstig geworden und liefen zum Bach, der sich am Waldrand entlangschlängelt.

Gerade noch rechtzeitig konnte ich die Kinder davon abhalten, sich auf den Bauch zu legen und von dem Wasser zu trinken. Verdutzt schauten sie mich an und überlegten sich, weshalb sie nicht einfach so aus dem Bach trinken sollten. Sie stellten verschiedene Vermutungen an, und ihnen fiel dann recht schnell ein, dass es eine wichtige Überlebensregel der Waldläufer ist, niemals an irgendeiner Stelle aus dem Bach Wasser zu trinken, wenn nicht vorher bis zur Quelle genau nachgeschaut worden war, ob das Wasser nicht durch ein totes Tier oder andere Gegenstände verunreinigt worden war.

So beschloss die Kindergruppe, mit dem Trinken noch zu warten und am Bach entlang bis zum Ursprung des Baches, an die Quelle zu gehen. Nach etwa 500 Meter Fußweg am Bach entlang riefen mich die Kinder aufgeregt zu sich. Sie zeigten mir ihre unglaubliche Entdeckung:

Im Bach lag ein totes Reh!
Dieses Erlebnis hat sich ihnen tief eingeprägt und ist bis heute unvergessen.

Frau Holles Schreiberling

Die Pflanzenmutter hat mir von einem besonderen Strauch erzählt, den die Menschen in ihren Gärten pflanzen, weil er sie beschützen kann. Früher war der Strauch den Menschen heilig, und man erzählte sich, dass die Frau Holle unter ihm wohnt. Seine Stängel mit der Rinde voller dunkler Borkenpunkte sind ein hervorragendes Bastelmaterial, und seine feinen weißen Blüten verströmen einen besonderen Duft. Die Leute zogen früher sogar ihren Hut vor dem Holunderbusch und grüßten höflich beim Vorübergehen, denn nach ihrem Glauben besaß der Busch der holden Frau heilende und schützende Kräfte. Zum Dank dafür legten sie sogar Opfergaben unter den Holunderbusch, und im Sommer tanzten die Kinder um ihn und sangen: »Ringel, Ringel, Reihe. Wir sind der Kinder dreie. Wir sitzen unterm Hollerbusch und machen alle husch, husch, husch.«

MATERIAL

- **Holunderäste**
- **Säge**
- **kleine Äste, um das Mark auszukratzen**
- **Kugelschreiberminen oder Kohlestifte (siehe Zeichenkohle herstellen, Seite 116)**

Aus den Ästen des Holunders lassen sich viele tolle Sachen basteln, denn der weiche Markkanal lässt sich einfach mit einem spitzen festen Ast oder einer Stange entfernen. Aus diesen hohlen Ästen lassen sich Blasrohre, Ketten, Murmelbahnen und Stiftehülsen herstellen.

Für unsere Naturtagebücher brauchten wir noch ein passendes Schreibgerät, und mit einfachen Kugelschreiberminen, die wir in die Äste schoben, erhielten wir wunderschöne Schreiberlinge.

Aus den übrigen Ästen bastelten einige noch »Holunderperlenketten«.

Klebesticks aus Baumharz

Einer der ältesten Kleber der Menschheit ist Baumharz. Dieser Klebstoff wurde für das Abdichten von Gefäßen verwendet und diente als zuverlässiger haltbarer Kleber, der reichlich zur Verfügung stand. Benötigt wurden nur zwei Dinge: Baumharz und Asche.

Wir stellen Fichtenharzsticks her, die wir nach Bedarf einsetzen können.

Das mit Asche vermischte Harz wird um einen Ast gewickelt und erkalten gelassen.

MATERIAL

- **Baumharz**
- **1 saubere Metalldose**
- **Asche**
- **1 kleiner Ast**
- **Feuer mit Glut und Asche**

Fülle das gesammelte Baumharz in die Metalldose und stelle es in die Glut, um es zu verflüssigen. Wenn das Baumharz flüssig ist, rühre feine Asche, die du mit einem Löffel aus der Feuerstelle holst, hinein. Das Rühren funktioniert am besten mit einem dünnen Ast.

Rühre so lange, bis sich Baumharz und Asche gut vermischt haben.

Nun drehe einfach auf den Ast einen Klumpen Ascheharz und lass diesen auf einem Baumblatt erkalten.

Immer wenn du den Baumkleber benötigst, erhitze den Klumpen einfach über einer Kerzenflamme.

Achtung am offenen Feuer, denn Fichtenharz ist schnell entzündbar! Kinder nicht unbeaufsichtigt lassen!

Die ätherischen Öle des Baumharzes duften intensiv nach Wald.

Naturschnüre drehen

Das lästige Unkraut, welches sich auch noch wehrt, wenn man ihm zu nahe kommt, war früher eine Faserpflanze, die die Menschen auf Feldern anbauten und verarbeiteten. Überall, wo Menschen sich ansiedeln, wächst die Brennnessel, und wenn ihre Stängel groß und fest sind, kann man diese zu festen Schnüren verarbeiten.

Ebenso wurden Ulmenbast und Lindenbast als Schnüre verwendet, die erstaunlich lange halten. Ötzi, der Mann aus dem Eis, hatte seine Schuhe unter anderem mit Lindenbast gefertigt. Wenn du dir vorstellst, dass er damit im kalten Winter durch hohen Schnee gestapft ist, bekommst du eine Vorstellung von der extremen Festigkeit des Materials.

MATERIAL

- **Brennnesseln, Ulmenbast oder Lindenbast**
- **1 Stein oder Holzstück**

Bei der Ernte der Brennnesseln mit Kindern sollten alle Handschuhe tragen, denn sonst ist die Gefahr zu groß, dass schnell die Lust verloren wird, wenn sich die Brennnesseln »wehren«!

Zum Schnüredrehen verwenden wir große Brennnesseln, da wir lange Fasern gewinnen möchten.

Du kannst die Brennnesseln mit Wurzel aus der Erde ziehen. Da sie Rhizome unter der Erde bilden, wachsen sie sicher wieder nach.

Entferne die Blätter von den Stängeln, indem du mit festem Griff einige Male darüberstreifst. Klopfe die Stängel dann mit einem Stein flach.

Aus Ulmenbast lassen sich haltbare und reißfeste Schnüre drehen.

Brennnesselfasern lassen sich in verschiedenen Breiten abtrennen. Sie ergeben geflochten auch hübsche Schmuckstücke.

Jetzt können die festen Fasern von dem inneren Markkanal abgetrennt und am besten gleich aufgehängt werden. Dabei ziehst du behutsam an, damit die Fasern nicht abreißen.

Mit Kindern binde ich gerne für den ersten Versuch drei gleich lange Fasern mit einem kleinen Knoten an einem Ende zusammen, und sie beginnen zu flechten. Dabei zeige ich ihnen das Drehen der Faser, indem sie immer die Faser rechts vor dem Überlegen der mittleren Faser nach außen eindrehen. So lernen sie während des Flechtens schon das Faserdrehen für die zweite Schnur aus nur zwei Fasern und erzielen trotzdem gleich eine haltbare, feste Schnur.

Das Drehen mit zwei Fasern wird genauso ausgeführt, also die rechte Faser drehst du nach rechts außen ein, bevor du sie über die linke Faser wickelst.

Durch das Eindrehen der jeweils einzelnen Faser nach rechts und das Eindrehen beider Fasern in sich nach links entsteht eine haltbare Schnur, die sich nicht selbst wieder aufdreht.

Für Kinder eignen sich frische, dickere Fasern gut. Bereits getrocknete Fasern können vor der Verarbeitung kurz in Wasser eingeweicht werden, um sie wieder geschmeidig zu machen.

Ulmenbast und Lindenbast

Von Mai bis August werden von Ulmen und Linden die Rinden abgeschält und die weiche Innenseite abgetrennt. Der beste Zeitpunkt, um Baumrinde zu ernten, ist im Mai, wenn der Saft in der Rinde aufsteigt. Zum Drehen und Zwirnen braucht man nur Daumen und Zeigefinger und benutzt dieselbe Technik wie bei den Brennnesselschnüren.

Diese Fasern sind extrem reißfest und wurden früher zu Seilen, Matten und Kleidung verarbeitet, bevor Hanf und Leinen aufkamen.

Die Sandalen des 5000 Jahre alten Eismenschen »Ötzi« wurden unter anderem auch aus Lindenbast hergestellt.

Wildes Geflecht

Aus den Nebeln am Bachufer tauchen sie auf, die wilden Gestalten mit ihren wuscheligen Köpfen bei einem Morgenspaziergang im zeitigen Frühjahr. Seit Urzeiten stehen sie mit ihren Wurzelfüßen im feuchten Nass, und ihre knorrigen Gesichter erzählen Geschichten. Die Weiden sind schnell wachsend und des Korbmachers Materiallieferant. Zum Flechten schneiden wir uns die langen geraden dünnen Äste ab, bevor sie austreiben. Die biegsame Weide eignet sich wunderbar für erste Flechtversuche für Kinderhände. Ohne Techniken und mit viel Fantasie kreieren die Kinder wilde Flechtwerke.

MATERIAL

- **frische Weiden vor dem Blattaustrieb**
- **Gartenschere oder Säge**

Weiden, die nicht verflochten werden, können getrocknet und durch Wässern wieder flexibel gemacht werden.

Erzählstab

In früheren Zeiten mussten die Menschen oft lange Wege zu Fuß zurücklegen. Diese weiten Entfernungen wurden oft zu beschwerlichen oder abenteuerlichen Erfahrungen. Nicht selten waren sie tagelang oder wochenlang unterwegs, und dabei fertigten sie sich einen Reise- oder Schutzstab an, in den sie die Tage einschnitzten oder von Begegnungen und Erlebnissen auf ihrem langen Weg berichteten. Besondere Fundstücke wie Federn, Pflanzen und Steine banden sie an ihren Stab, der so auf ihrer Wanderschaft alle Erinnerungen, Gefühle und Geschichten speicherte.

Wenn ich mit Kindern eine längere Wanderung unternehme, schlage ich ihnen vor, sich einen schönen Stab zu suchen und Symbole für spezielle Begebenheiten und Ereignisse auf unserer Wanderung zu sammeln. Das können auch Pflanzen sein, die dann die Rinde einfärben oder eine Kerze, die wir für den Abend eingepackt haben und deren Wachs den Stab verziert. Auch Früchte der Jahreszeit oder kleine Kugeln aus Baumharz und mitgebrachte Perlen eignen sich. In den Pausen und am Ziel der Wanderung schnitzen wir dann Zeichen und Symbole in die Stäbe, und mit Schnüren, die ich im Gepäck habe, binden wir die Gegenstände an den Stab. Wenn wir dann am Ende des Tages zusammensitzen, erzählt jeder mit seinem neu gestalteten Erzählstab seine Geschichte des Tages.

Den eigenen Erzählstab zu schnitzen und zu verzieren, ist eine wunderbare Methode, auch schüchterne Kinder zu motivieren, ihren Erzählstab zu zeigen und ihre persönliche Geschichte mit anderen zu teilen.

Mit seinen besonderen Einkerbungen und Verzierungen erzählt jeder Erzählstab seine eigene Geschichte.

Wildes grünes Kräuterhandwerk im Sommer

Spitzwegerich-Verreibung

Nach dem ersten Mähen der Wiesen wächst der Spitzwegerich als erste Pflanze wieder nach und ist mit seinen langen lanzenartigen Blättern leicht zu finden. Spitzwegerich gehört zur Basisausstattung für den Medizinschrank der Wildnis. Die Kinder erkennen ihn gut und benutzen seine Blätter als Wiesenpflaster wegen der stark wundheilenden Inhaltsstoffe. Bei Verletzungen und für die erste Hilfe bei Insektenstichen wirkt er schnell und zuverlässig.

Das Spitzwegerichblatt zweimal verknoten und leicht reiben, bis der heilende Pflanzensaft austritt, und das Blatt auf die Wunde legen.

Ein Pulver aus der heilkräftigen Pflanze darf natürlich in keiner Werkstatt fehlen, und so sorgen alle gerne dafür, dass es nie ausgeht. Und für die kältere Jahreszeit, wenn die Husten- und Schnupfenviren ihr Unwesen treiben, rollen wir aus dem Pulver mit ein wenig Honig süße »Halströster«.

ZUTATEN
- **Spitzwegerichblätter**
- **Milchzucker**
- **Mörser**

Spitzwegerichblätter klein schneiden und mit Milchzucker im Verhältnis 3:1 im Mörser fein verreiben. In Gläsern mit Schraubdeckel aufbewahren und bei Bedarf auf die Haut auftragen oder einnehmen.

Halströster

ZUTATEN
- **Spitzwegerichblätter**
- **Milchzucker**
- **Honig (fest)**
- **Mörser**
- **Backpapier**

Spitzwegerich-Verreibung herstellen, mit cremigem Honig mischen und zu kleinen Kugeln formen. Auf einem Backpapier trocknen lassen. Bei Halsschmerzen und Heiserkeit lutschen.

Die beiden Pflanzenbrüder Wegerich, der Spitzwegerich und der Breitwegerich, wuchsen einst nur bei den Indianern in der Prärie. Dort sorgten sie wegen ihrer heilsamen Kräfte schon für einen tadellosen Ruf. Als die weißen Siedler mit ihren großen Schiffen das Land der Indianer erkundeten, liefen sie viele Meilen durch das Land, bis sie mit neuen Waren und ihren vielen neuen Eindrücken und Entdeckungen wieder zurück auf ihre Schiffe gingen und nach Hause in ihre Heimat segelten, um dort von alldem zu berichten. Die beiden Pflanzenbrüder Wegerich aber klebten sich an die Schuhsohlen der Siedler fest und reisten so mit in das Land dieser Menschen. Spitz- und Breitwegerich fühlten sich wohl auf der Erde dieses Landes, keimten dort und wuchsen zu prächtigen Pflanzen heran. Und so kommen die beiden Brüder bis heute in der ganzen Welt herum und schließlich auch in unseren Garten.

Feenbrause

Ein prickelndes Geschmackserlebnis auf der Zunge begeistert alle Kinder und die meisten Erwachsenen, und wenn die Zutaten noch gesund sind, kann man auch noch eine zweite Portion naschen.

ZUTATEN

- **1 Handvoll Lindenblüten**
- **5 EL Zucker**
- **1 Pck. Vanillezucker**
- **2 EL Natron**
- **3 EL Zitronensäure (Apotheke)**
- **Mörser**
- **Schale**
- **Glas mit Schraubdeckel**

Die Lindenblüten mit dem Zucker und dem Vanillezucker fein mörsern. Natron und Zitronensäure dazugeben und gut vermischen. Fertig ist eine prickelnde Brause!

Wilder Leckerschmecker-Tipp
Im Winter geben wir fein geriebene Orangen- oder Zitronenschalen anstelle der Lindenblüten dazu. Blaue Brause erhältst du, wenn du Kornblumen verreibst.

Rotes Heilöl

Johanniskraut erblüht an Johanni zur Sommersonnwende in seiner leuchtenden Pracht, und die gelben Blütenteppiche signalisieren die Kraft der Sonne.

»Rotes Öl heilt rote Haut«, sagte ein kleiner Junge aus der Waldwichtelbande tapfer zu mir, als ich ihm auf den Finger, den er zu nah ans Feuer gehalten hatte, von dem Rotöl tupfte. Die Zuwendung mit einem kleinen Heilespruch ist für viele Kinder meist schon ausreichende Genesung nach einer Verletzung. Ein gutes Heilöl in der Waldapotheke ist ratsam, denn es wirkt schnell und intensiv. Bei Verbrennungen kann die Blasenbildung verhindert werden, und zur Wundversorgung bei Schürf- und Schnittwunden sorgt die Pflanzenkraft für rasche Heilung.

Das wunderbar gelb leuchtende Johanniskraut ergibt ein heilkräftiges rotes Öl, das bei Verletzungen hilft.

MATERIAL

- **Johanniskraut**
- **Olivenöl**
- **1 großes Glas mit Schraubdeckel**
- **1 Sieb**
- **Flaschen oder Gläser mit Verschluss**

Schneide das Johanniskraut klein und gib es in ein Glas. Fülle mit Olivenöl auf, bis alle Pflanzenteile bedeckt sind, und stelle es für vier Wochen in die Sonne. Schüttel immer mal wieder und achte darauf, dass die Pflanzenteile gut mit Öl bedeckt sind.

Das Öl und die Sonne ziehen nun die heilsamen Wirkstoffe aus dem Johanniskraut, und es beginnt sich rot zu verfärben. Dafür ist der Inhaltsstoff Hypericin verantwortlich.

Nach vier Wochen seihst du die Pflanzenteile ab und füllst das fertige Rotöl in eine Flasche ab.

Dein Rotöl duftet jetzt wunderbar, und du kannst es für Muskelzerrungen, Verbrennungen, Hautabschürfungen und bei kleineren Wunden zum Einreiben verwenden.

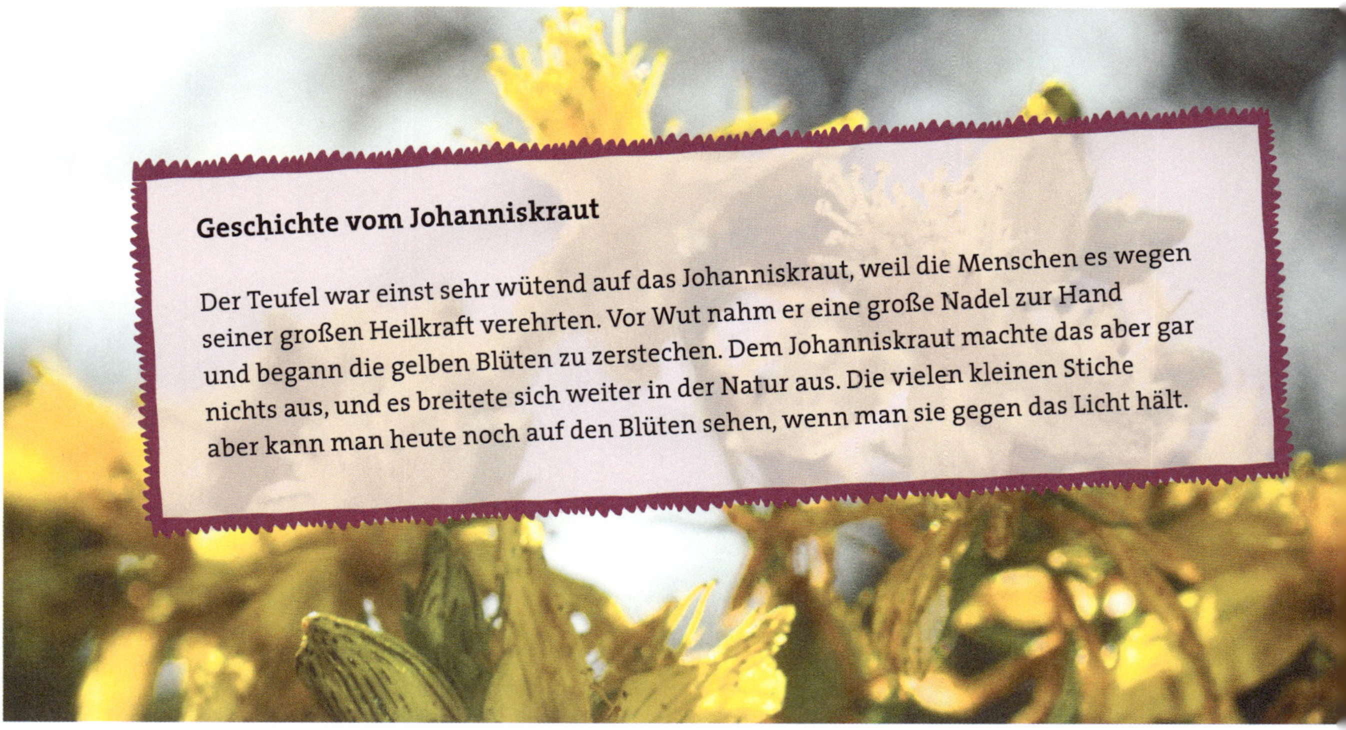

Geschichte vom Johanniskraut

Der Teufel war einst sehr wütend auf das Johanniskraut, weil die Menschen es wegen seiner großen Heilkraft verehrten. Vor Wut nahm er eine große Nadel zur Hand und begann die gelben Blüten zu zerstechen. Dem Johanniskraut machte das aber gar nichts aus, und es breitete sich weiter in der Natur aus. Die vielen kleinen Stiche aber kann man heute noch auf den Blüten sehen, wenn man sie gegen das Licht hält.

Schlaftrank für kleine Nachteulen

Die beruhigende und entspannende Wirkung des Johanniskrauts wird heute in der Medizin in vielfältiger Form erfolgreich eingesetzt. Ein ganz einfaches Rezept meines Großvaters in aufregenden Lebenszeiten war sein süß schmeckender Sirup aus Johanniskrautblüten.

ZUTATEN

- **1 Handvoll Johanniskrautblüten**
- **½ Glas Wasser**
- **300 ml Waldhonig**
- **1 Topf mit Deckel**
- **1 Sieb**
- **Gläser mit Verschluss**

Stelle einen Kaltauszug mit den Johanniskrautblüten und dem Wasser her. Dafür bedecke einfach die Johanniskrautblüten mit Wasser und lass sie eine Nacht stehen.

Am nächsten Tag erhitze das Blütenwassergemisch, bis es anfängt zu blubbern.

Seihe die Mischung ab und verrühre sie mit Waldhonig.

Den fertigen Sirup füllst du in Gläser oder Flaschen.

Fertig ist ein sehr leckerer Abendsirup mit heißer Milch, der für ruhigen Schlaf sorgt.

Bei der Einnahme von Johanniskraut und Verwendung des Hautöls kann eine erhöhte Sonnenempfindlichkeit entstehen!

Johanniskrautblüten werden über Nacht in Wasser eingelegt.

Wunschrosenzucker

Die Arbeit mit einem Mörser kann zu einem tief meditativen Prozess werden. Nachdem wir Rosenblütenblätter getrocknet hatten, wollten wir einen Teil auch gerne für unsere wilde Werkstattküche verwenden. Nachdem die Kinder die Pflanze Rose eindeutig als Herzpflanze erkannt hatten und weiter sinnierten, dass das Herz zur Liebe und zu den Wünschen gehört, entstand die Idee, einen Wunschzucker zuzubereiten. Da wir nur einen Mörser zur Verfügung hatten, setzten wir uns auf die Wiese in den Kreis und begannen damit, Rosenblüten und Zucker in den Mörser zu füllen. Das erste Kind im Kreis machte sich daran, vorsichtig mit dem Mörser zu reiben. Vorher beschlossen wir, jedes Kind sollte im Stillen seine Wünsche für die Gruppe in den Wunschrosenzucker geben, wenn es an der Reihe war. Die Herstellung des Wunschrosenzuckers wurde zu einer sehr besinnlichen Herzensangelegenheit für jeden Einzelnen im Kreis, die alle noch lange in Erinnerung behalten werden.

Einige Wochen später erzählten mir einige Kinder, sie hätten jetzt auch einen Familienwunschrosenzucker, der schon einige Wünsche erfüllt hätte. Der Zucker hält sich in einem verschlossenen Glas normalerweise sehr lange, wird aber meistens vorher schon vernascht.

MATERIAL
- **getrocknete Rosenblütenblätter**
- **Rohrohrzucker**
- **Mörser**
- **Gläser mit Schraubdeckel**

Rosenblätter trocknen
Eine ganz einfache Möglichkeit besteht darin, die Rosenblätter auf einem Karton auszulegen und an einen dunklen Platz in der Wohnung zu legen. Immer wieder mit den Händen aufwirbeln und so einige Tage trocknen lassen.
Etwas aufwendiger, aber eine uralte Methode meiner Großmutter, um schöne glatte Rosenblätter zu bekommen, ist, die Blätter auf ein sauberes Geschirrtuch zu legen und dann vorsichtig und locker einzuwickeln. Nach zwei Tagen sind die Rosenblätter getrocknet.

Rosenblütenblätter und Zucker werden im Steinmörser fein vermahlen. Mit dem Rosenzucker kann man Speisen dekorieren oder ihn einfach so als magische Nascherei genießen.

An einem liebevoll zubereiteten Geschenk aus der Natur hat jeder Beschenkte Freude.

Sommeressig – sauer macht lustig

Den Geschmack des Sommers einfangen und ihn bis zum nächsten Sommer festhalten und genießen. Essig ist lange haltbar und vielfältig verwendbar. Wichtig ist, nicht zu viele verschiedene Pflanzenteile in einen Ansatz zu geben, maximal zwei bis drei Pflanzenarten. Die Pflanzenteile können im Essig bleiben, solange sie mit Flüssigkeit bedeckt sind. Danach bitte entfernen, es besteht die Gefahr der Schimmelbildung.

ZUTATEN

- **essbare Kräuter, Blumen und Beeren**
- **guter Bio-Apfelessig**
- **Flaschen mit Schraubverschluss**
- **1 Trichter**

Sommeressig »Wilde Blüten«
Löwenzahn, Gänseblümchen, Wiesensalbei, Bärlauchblüten, Malven, Ringelblumen, Margeriten

Sommeressig »Wilde Kräuter«
Gundermann, Thymian, wilder Oregano (Dost), Brennnessel, Beifuß

Sommeressig »Wilde Beeren«
Brombeeren, Heidelbeeren, Himbeeren, Walderdbeeren, Wacholderbeeren

Deiner kulinarischen Kreativität sind keine Grenzen gesetzt, und die tollen geschmacklichen Überraschungen bei neuen Zutatenkombinationen sind vielfältig.

Wilde Werkstattküche im Sommer

Fladen der Wiesenelfen

Erwachsene haben meist langweilige Namen für ihre Lieblingsgerichte. Kinder sind da schon einfallsreicher und vergeben gerne Fantasienamen und Bezeichnungen für Gerichte, Bastelarbeiten, Pflanzen, Situationen und Ereignisse. Fladenbrot, in der Glut zubereitet, ist immer lecker, und als wir im Frühjahr die Zutaten für die Füllung gesammelt hatten, stellten wir beglückt fest, dass die Wiesenelfen sicher sehr zufrieden sind, wenn ihre Pflanzen für so ein leckeres Gericht verwendet werden.

ZUTATEN

Teig:

- **1 Würfel Hefe oder 2 Päckchen Trockenhefe**
- **500–600 ml Wasser**
- **1 kg Dinkelmehl**
- **1 EL Salz**

Kräuterfüllung:
Giersch, Bärlauch (Frühjahr), Beinwell, Spitzwegerich, Gundermann, wilder Oregano, wilder Thymian (nur als Gewürzmenge), junger Bärenklau, Wilde Möhre, junge Blätter der Kohldistel, Brennnessel, wenig Schafgarbe und Löwenzahn (Bitterstoffe)

Hefe im (wenn möglich lauwarmen) Wasser auflösen (muss aber nicht sein) oder Trockenhefe sofort ins Mehl streuen.

Fülle das Dinkelmehl in eine große Schüssel, Salz hinzufügen und nun langsam das Hefewasser einschütten und dabei kräftig kneten. Der Teig sollte nicht zu weich sein und sich gut von der Schüssel lösen lassen. Hefeteig möchte geknetet werden, also knete ruhig etwas länger!

Lass den Teig dann 30 Minuten ruhen. Der Teig lässt sich aber auch gut vorbereiten und sogar bis zu zwei Tage im Kühlschrank lagern.

Reinige die Kräuter gut, aber nicht waschen, denn das würde viele wertvolle Inhaltsstoffe

Der mit würzigen Kräutern gefüllte Fladen wird direkt in der Glut gegart.

lösen! Hacke die Kräuter klein, so kannst du sie besser auf den Fladen verteilen.

Entzünde ein Feuer, lass es so weit herunterbrennen, bis ein gutes Glutbett entsteht.

Knete den Teig vor der Verwendung nochmals gut durch und forme Kugeln, die dann zu Fladen flach gedrückt werden.

Die Fladen belegst du nun mit den Kräutern, klappe sie zusammen und drücke die Ränder gut fest.

Die Glut wird ein wenig beiseitegeschoben und die grünen Kräuterfladen direkt in die Asche gelegt!

Wenn die Kräuterfladen goldbraun gebacken sind, kannst du sie etwas abklopfen, in der Mitte auseinanderbrechen und warm genießen.

Mit sehr gutem Olivenöl beträufelt ein Hochgenuss!

Wilder Leckerschmecker-Tipp
Füllungsideen können immer wieder neu ausprobiert werden:
Tomaten, Schafskäse, Mozzarella, Knoblauch, Gemüse ... Dieses Gericht der »Wilden Werkstattküche« kennt unendlich viele Variationen für jeden Geschmack, und es ist eine Freude, gemeinsam am Feuer zu sitzen, sich neue Kreationen auszudenken und diese gemeinsam zu genießen.

Damit das Ei in der Glut gut steht, braucht es eventuell ein paar Steine als Stütze.

Feuereier der Feuergnome

Eieiei ... eine heikle und spannende Angelegenheit für hungrige Naturkinder ist es, ein zerbrechliches Ei direkt zu den Feuergnomen zu stellen.

MATERIAL

- **Eier**
- **1 dünner Ast zum Rühren**
- **1 Messer**
- **1 Löffel**
- **Feuer**

Das rohe Ei kannst du an der Spitze mit einem Messer öffnen und in die Asche nahe an die Glut stellen. Manchmal ist es gut, vorher Steine zu sammeln, um die Eier zu stützen.

Wenn das Ei fest steht, ist die Mühe noch nicht vorüber. Denn jetzt musst du immer wieder mit dem Ästchen vorsichtig rühren, damit die Feuergnome das Ei nicht sprengen.

Wenn das Ei sichtbar gegart ist, kannst du es auslöffeln wie ein Frühstücksei, doch es schmeckt natürlich viel besser.

Bärengemüse

Das Bärengemüse ist Hasenlieblingsfutter, denn die zarten jungen Blätter dieser Pflanze schmecken fein und saftig und enthalten viele Vitamine und Mineralstoffe. Leider ist das Bärengemüse durch seinen gefährlichen Bruder der riesigen Herkulesstaude stark in Verruf geraten, und es trauen sich viele nicht mehr in seine Nähe. Das ist schade, denn der Wiesenbärenklau ist ein schmackhaftes Gemüse für die wilde Küche und wird gerne von Kindern gegessen.

ZUTATEN

- **10 junge zarte Blätter vom Wiesenbärenklau**
- **1 kg Karotten**
- **2 Tomaten**
- **Bratöl**
- **Salz**
- **Pfeffer**
- **Kochlöffel**
- **Pfanne oder Topf**

Wiesenbärenklaublätter gut zerkleinern, Karotten und Tomaten waschen und würfeln. Das Bratöl in der Pfanne erhitzen und Karotten andünsten, Tomaten dazugeben, zuletzt die Bärenklaublätter. Mit Salz und Pfeffer abschmecken. Das Bärengemüse schmeckt sehr gut zu Kartoffeln oder Nudeln.

Phytosensibilisierung! Empfindliche Menschen können beim Verzehr von Wiesenbärenklau eine leichte Hautrötung bekommen, eine sogenannte Wiesendermatitis. Bitte immer mit Eltern vorher abklären!

Chiapudding der Wiesenkönigin

Während einer Stille-Übung mit Kindern an einem Bach konnte ein Junge nicht zur Ruhe finden, weil ihn ein starker Geruch in der Nase kitzelte, der ihn an Bittermandeln, die manchmal unter Mandelkernen vorkommen, erinnerte. Wir setzten uns an den Bach, um uns über unsere Eindrücke auszutauschen. Das Mandelaroma hing noch in der Luft und nahm die Aufmerksamkeit der Kinder gefangen. Ich schickte sie auf Erkundungsgang, und bald hatten sie die Pflanze ausfindig gemacht. Schmeckt die Pflanze, wie sie riecht? Blätter und Blüten wurden zwischen den Fingern zerrieben und probiert.

Die Wiesenkönigin ist auch unter dem Namen Mädesüß bekannt und verbreitet gerne großzügig ihren Duft und Geschmack. Deshalb beschlossen wir, einige Stängel mitzunehmen und davon einen Pudding zuzubereiten.

ZUTATEN

- **250 ml Kokos-, Mandel- oder Haferdrink**
- **3–4 Mädesüß-Blütendolden**
- **4 EL Chiasamen**
- **1 EL Honig**
- **Früchte und Blüten**

Gieße die Pflanzenmilch in eine Schale, lege drei bis vier Stängel mit Blüten der Wiesenkönigin hinein und lass sie einige Stunden ziehen.

Nimm die Pflanzenteile aus der Pflanzenmilch und rühre die Chiasamen sowie den Honig ein. Nun solltest du immer wieder kräftig umrühren, bis die Chiasamen so weit aufgequollen sind, dass die Flüssigkeit die Konsistenz von Pudding bekommen hat. Mit bunten Früchten und Blüten servieren.

Mädesüßblüten verströmen einen intensiven honig- bis mandelartigen Duft und verleihen Speisen und Getränken ein feines Aroma.

Mädesüß-Sahne:
Einige frische Mädesüß-Blütenstängel in flüssiger Sahne ziehen lassen. Sahne schlagen und Kakao oder Eis mit einem Mädesüß-Sahnehäubchen garnieren!

Süße Knolle mit Käse

Falsche dicke Karotte nannten einige Kinder die Süßkartoffel, als sie sie zum ersten Mal kosteten. Sie lassen sich wie normale Kartoffeln ins Feuer werfen und in der Glut garen. Besonders lecker zu dem süßlichen Geschmack ist Käse.

ZUTATEN

- **Süßkartoffeln**
- **Käse (z. B. Camembert oder Bergkäse)**
- **Holzzange**
- **1 Messer**

Kurz bevor die süßen Kartoffeln gar sind, hole sie mit der Holzzange aus der Glut, schneide sie oben etwas ein und stecke Käsestücke hinein.

Diese Schiffchen mit der Käsefüllung stellst du nochmal in die Glut, bis der Käse geschmolzen ist.

Eine Kohldistel entfaltet ihre ganze Schönheit. Die jungen, zarten Blätter schmecken lecker als Gemüse.

Speise der Landstreicher

Wie herrlich ist es, an einem heißen Sommertag durch ein goldenes Getreidefeld zu laufen und die reifen Körner knistern zu hören. Wenn die Körner springen, dauert es nicht mehr allzu lange, und der Bauer beginnt, seine Getreidefelder zu dreschen. Zur selben Jahreszeit entfalten sich die Früchte der Kohldistel und erscheinen wie Miniatur-Kohlköpfe am Wiesenrand.

ZUTATEN

- **Dinkelkörner oder Kochdinkel**
- **junge zarte Kohldisteln**
- **2 Zwiebeln**
- **Bratöl**
- **Salz**
- **Pfeffer**
- **Senf**
- **1 Topf**
- **1 Pfanne**
- **1 Kochlöffel**

Weiche die Dinkelkörner über Nacht in reichlich Wasser ein. Kochdinkel nach Packungsanleitung vorbereiten. Gieße das Einweichwasser ab, bedecke die Getreidekörner mit Wasser und koche diese etwa 45 Minuten weich. Die Kohldisteln genau anschauen, denn in ihren Blättern leben gerne kleine Insekten, diese entfernen. Spüle die Kohldisteln gründlich mit Wasser ab und halbiere sie. Schäle die Zwiebeln und schneide sie in kleine Würfel.

Erhitze das Bratöl in der Pfanne und dünste Zwiebel und Kohldistel an. Dann gib die weichen Getreidekörner dazu und rühre gut um. Schmecke die Landstreicherspeise mit Salz, Pfeffer und Senf deftig ab!

Herbst

Zeitqualität und Bedeutung für ein naturverbundenes Leben mit Kindern

Wenn die Natur im Herbst ihre Farben verändert, kündigt sich der Ausklang des Spätsommers an. Dichte Nebel verschleiern die Landschaft am Morgen und lösen sich erst in der Mittagszeit auf, um am Nachmittag bereits wieder übers Land zu ziehen. Es ist der Beginn geheimnisvoller, kurzer Tage und langer kühler Nächte. Das Tageslicht bekommt im Herbst einen goldenen Schein und morgendliche Frische, die von wärmenden Sonnenstrahlen durchbrochen wird, verkündet einen klaren Tag. Die Spinnen weben ihre weißgrauen Netze, und der Morgentau macht sie mit einer Vielzahl seiner kleinsten Tröpfchen sichtbar. Morgendlicher Reif legt sich in einer feinen Puderschicht über die Landschaft und zeugt von ersten Nachtfrösten.

Die Bäume spüren, dass es kälter wird und sammeln ihre Kräfte in den Wurzeln. Wir erfreuen uns dafür an den wundervollen bunten Herbstblättern und Früchten. Die Natur wirkt im diffusen Herbstlicht wie ein Kunstwerk, und wir spüren, wie unsere von den herbstlichen Sonnenstrahlen erhitzten Körper am späteren Nachmittag im kühlen Schatten schon die dickeren Hüllen wärmender Kleidung brauchen.

Die Sonne geht im Westen unter, und wieder verabschiedet sich ein Tag. Der Sonnenuntergang färbt den Himmel in flammenden Farben, und der Übergang in die Dunkelheit der Nacht wird kürzer. Die Lichtstunden des Tages nehmen merklich ab, und das Leben draußen zieht sich zurück. Die Menschen zieht es nach Hause in ihr behagliches Heim, wo sie die stillen Abendstunden im Kerzenschein genießen.

Wir kommen im Kreis der Familie zusammen, richten unser Heim gemütlich ein und teilen unsere Ernte des Tages in vielerlei Formen. Geschichten des Tages, der vergangenen Wochen werden geteilt und reife Früchte, die mit der Sonnenenergie des Sommers angereichert sind, stellen unsere Nahrung dar. Die Stunden, die wir am Feuer genießen, sind von einer heiteren Zufriedenheit begleitet. Freundschaften sind gewachsen, Ideen gereift und Taten vollbracht. Handwerksarbeiten werden begutachtet, verfeinert und bekommen ihren letzten Feinschliff. Erkenntnisse und Einsichten, Erfahrungen und Meinungen werden in der Gemeinschaft geteilt.

Naturnahe Begleitung im Herbst

- Suchen Sie sich mit Ihren Kindern gemeinsam einen Laubbaum aus, dessen Veränderungen Sie im Herbst regelmäßig beobachten können.
- Sammeln Sie Herbstfrüchte von Bäumen und Sträuchern und verschiedene bunte Blätter und fädeln Sie diese zu langen Ketten auf, um sie als Herbstschmuck aufzuhängen.
- Beobachten Sie, wie Pflanzen langsam verwelken und sich in die Erde zurückziehen. Woran kann die Pflanze jetzt noch erkannt werden?
- Sammeln Sie wilde Früchte und Beeren und tragen Sie diese im selbst geflochtenen Fichtenwurzelkorb nach Hause.
- Gehen Sie im Herbststurm nach draußen und versuchen Sie, ein Blatt zu fangen, bevor es zum ersten Mal die Erde berührt.
- Sammeln Sie Herbstgold und dekorieren Sie Ihr Zuhause golden!
- Atmen Sie den Herbstduft der umgeackerten Erde und der Pilze im Wald ein!

- Kennen Sie essbare Pilze?
- Wohin bläst der Herbstwind die Wolken?
- Graben Sie sich mit Ihren Kindern im Laub ein, spielen Sie Verstecken, und machen Sie Laubschlachten.
- Laufen Sie barfuß über Stoppelfelder.
- Versuchen Sie, sich von der Natur den Rückzug abzuschauen, und verbringen Sie viele gemütliche Nachmittage mit Ihren Kindern im kuscheligen Heim.
- Entzünden Sie in der Abenddämmerung ein Feuer und spüren Sie, wie die Kälte der Nacht sich über die Wiesen und Felder legt.
- Suchen Sie zur Jahreszeit passende Geschichten aus und lesen Sie sie gemeinsam mit Ihren Kindern.
- Überlegen Sie, welche Vorbereitungen für die Tiere des Waldes wichtig sind, um die kalten Wintermonate zu überleben. Welche Tiere ziehen in warme Länder?
- Stellen Sie ein Teelicht ins Fenster, das Sie jeden Abend gemeinsam anzünden und vor dem Zubettgehen löschen.
- Zeichnen Sie mit den Kohlestiften die immer kahler werdenden Baumgestalten.
- Wandern Sie durch die Wälder, und halten Sie Ausschau nach Tieren, die nun im kahlen Wald weniger Rückzugsmöglichkeiten finden. Vielleicht entdecken Sie ein fleißiges Eichhörnchen in der Baumkrone, das seinen Wintervorrat verstecken möchte.
- Halten Sie Ausschau nach Vogelnestern in Bäumen und Sträuchern, die nun sichtbar werden. Wer hat dort wohl gewohnt? Eine große oder eine kleine Vogelfamilie?
- Spüren Sie an einem Herbstabend der düsteren Zeit nach, und denken Sie mit Ihren Kindern über das keltische Fest Samhain oder das christliche Fest Allerheiligen nach. Warum ist es auch wichtig, sich an Vergänglichkeit und Tod zu erinnern?
- Überlegen Sie mit Ihren Kindern, was die Großeltern und die Vorfahren in dieser Jahreszeit getan haben. Greifen Sie einige Dinge auf und versuchen Sie, die gleichen Tätigkeiten mit Ihren Kindern zu verrichten.

Wildes Naturhandwerk im Herbst

Federfächer

Im August wechseln Vögel wie zum Beispiel der Bussard sein Federkleid, und wer aufmerksam durch den Wald geht und unter einzeln stehenden Bäumen nachschaut, kann dort zu dieser Jahreszeit häufig Federn finden. Um die gesammelten Geschenke unserer gefiederten Freunde aufzubewahren, basteln wir aus einem am Boden gefundenen Holzast Fächer. Ganz nebenbei können wir dabei die Federn bestimmen.

MATERIAL
- **Federn**
- **Holzast**
- **Handbohrer**
- **Fichtenharzkleber**

Teste als Erstes, ob der Ast stabil liegen kann. Suche dir eine Seite für die Löcher aus, in die du dann die Federn steckst. Lege dir Ast und Federn so zurecht, dass du nur noch bohren musst und anschließend genau weißt, wo die Federn eingesetzt werden sollen. Um die Federkiele zu fixieren, kannst du ein wenig Fichtenharz in das gebohrte Loch tropfen und dann die Federn einstecken.

Federn von Eulen fndet man nur selten, hier in einem schönen Holzfundstück arrangiert.

Baumperlenkette

Perlen tauchen im Wald? Ja! Hexeneiersuche im Wald? Na klar! Kaum etwas gefällt Kindern besser, als etwas zu suchen und zu finden.

Im Alter von etwa sechs Jahren schenkte mir mein Sohn zum Geburtstag einmal eine Kette aus ganz vielen Baumperlen, die er selbst gesucht und dann gebastelt hatte. Er überreichte sie mir mit den Worten: »Eigentlich war ich ja Baumperlentauchen im Wald, aber jetzt habe ich dir eine Hexeneierkette daraus gemacht, weil du ja eine Kräuterhexe bist.« Ich trage die Kette heute noch mit großem Stolz.

Vielen Menschen sind diese kleinen und großen Knollen an den Baumrinden vielleicht noch nie aufgefallen, bis sie darauf aufmerksam gemacht wurden. Schauen wir uns die Rinden von Bäumen einmal genauer an, entdecken wir viele davon. Gewöhnlich stellt sich beim Baumperlentauchen oder Hexeneiersuchen eine selektive Wahrnehmung ein, und es ruft hinter allen Bäumen »Schon wieder eine!« und »Ich sehe nur noch ...!«

An der Rinde glatter Baumstämme wie Buchen wachsen die Knollen häufig, aber sie sollten wirklich nur mit den Fingern entfernt und nicht herausgeschnitten werden, denn das würde dem Baum neue Wunden hinzufügen. Eine Regel ist: Nur Perlen, die sich leicht entfernen lassen, nehmen wir mit.

Baumperlen sind natürlich gebildete kleine Verkapselungen, die sich an Baumstämmen finden. Sie werden sortiert und lassen sich zu wunderschönen Ketten verarbeiten.

Die sogenannten Baumperlen oder Hexeneier sind natürlich gewachsene meist rundliche Ausbuchtungen an Baumstämmen. Diese Knollen sind kleine Verkapselungen, in denen Verletzungen oder Teile, die nicht zum Baum gehören, isoliert werden. Es ist ein Heilungsprozess, den der Baum startet, und je weiter der Prozess fortgeschritten ist, desto leichter lassen sich die Baumperlen ablösen.

MATERIAL
- **Baumperlen**
- **Schnitzmesser**
- **Schleifpapier**
- **Handbohrer**
- **Schnur**

Die umgebende Rinde der Knolle kannst du vorsichtig mit den Fingern abschälen oder auch mit einem Messer abschnitzen.

Mit einem kleinen Bohrer (1–3 mm, je nach Band) bohrst du Löcher in die geschälten, runden Knollen, um sie auffädeln zu können.

Mit einem sehr feinen Schleifpapier kannst du sie polieren und je nach Wunsch zu einer Kette auffädeln oder für andere Handwerksarbeiten verwenden.

Wilder Naturhandwerker-Tipp
Ein weißes Leinentuch eignet sich sehr gut, um Werkzeuge, Material, Pflanzen, gesammelte Fundstücke usw. darauf auszubreiten und um diese dann gemeinsam in einer größeren Gruppe genau zu betrachten.

Je fester der Boden geflochten ist, desto stabiler wird der Korb. (Auch als Kopfschmuck machen sich Fichtenwurzeln gut …)

Fichtenwurzelkorb

Es ist gar nicht so schwer, die Fichte von der Tanne zu unterscheiden. Es gibt einen simplen Trick, und wenn ich mit kleinen Waldentdeckern unterwegs bin und wir Zapfen auf dem Boden entdecken, ist immer einer unter ihnen, der mit großem Vergnügen einen Zapfen hochhält, in meine Rolle schlüpft und das Rätsel aufgibt: »Welche Zapfen findet man auf dem Waldboden, Fichtenzapfen oder Tannenzapfen?« Die Antwort kommt einstimmig: »Fichtenzapfen!«

Die nächste Frage lautet dann: »Und was macht dich da so sicher?« Und wieder antworten die Kinder im Chor: »Weil die Fichtenzapfen nach unten hängen und im Ganzen auf den Boden fallen!«

»Und was ist mit den Tannenzapfen?« – »Die wachsen aufrecht nach oben und fallen niemals ganz vom Baum, sondern nur in einzelnen Schuppen!«

MATERIAL

- **Fichtenwurzeln**

Fichten sind sogenannte Flachwurzler, wurzeln direkt unter der Erdoberfläche und schlängeln sich weit verzweigt unter dem Waldboden entlang. Zum Wurzelausgraben wühlen wir einfach mit den Händen in den Waldboden nahe einer Fichte und folgen einer Wurzel, bis sie komplett frei liegt. Grabe nie mehr als ein, zwei Wurzeln einer Fichte aus! Suche dir immer wieder einen neuen Baum, damit du ihm keinen Schaden zufügst.

Das Flechten beginnt mit einem Kreuz aus einmal vier Wurzelsträngen und einmal drei Strängen, jeweils zusammengelegt.

Nimm nun eine dünne Fichtenwurzel und fang an, mit dem einen Ende um das Kreuz zu wickeln, jeweils einmal unten um die drei, einmal oben herum um die vier Stränge, und fixiere das Kreuz damit.

Nun hast du ein Kreuz mit einmal vier und einmal drei Wurzeln als Bündel. Das ergibt zusammen 14 »Wurzelstrahlen«. Eine ungerade Zahl an Wurzelstrahlen wird gebraucht, um eine Querwicklung zu erreichen, die immer abwechselnd ist. Schneide also auf der einen Seite eines 4er-Bündels einen Strahl ab. Nun hast du 13 Wurzelstrahlen, die du dir gleichmäßig verteilt zurechtlegst und um die du zu flechten beginnst. Nimm eine lange Fichtenwurzel und lege sie so an, dass etwa 3–4 cm im Korbboden herausragen. Dann wickle jeweils einmal oben, einmal unten herum die Wurzel auf. Nach einem kompletten Rundgang drückst du die Strahlen wieder so auseinander, dass sie wie Sonnenstrahlen gleichmäßig verteilt sind. So wickelst du nun abwechselnd oben und unten herum weiter. Wenn du eine neue Wurzel ansetzen musst, lege sie einfach am Rest der letzten an und verwickle beide zusammen ein paarmal. Später werden Reste, die nach innen oder außen stehen, einfach abgeschnitten. Mach das so lange, bis dir dein Korbboden groß genug ist. Um dann eine Biegung zu erhalten, quasi die Korbwand anzufangen, biegst du einfach die Korbstrahlen alle nach oben und bindest sie temporär zusammen. Wickle nun einfach weiter, bis dir die Wand hoch genug scheint. Nun kannst du die restlichen Strahlen als Henkel zusammenbinden oder auch abschneiden, wenn du keinen Henkel benötigst.

Wilder Naturhandwerker-Tipp
Wenn du anstelle von Fichtenwurzeln Weidenruten für das Kreuz verwendest, ergibt das einen etwas stabileren Korb. Die Kombination aus Weide und Fichtenwurzel sieht auch interessant aus.

Waschmittel sammeln

Wenn das Waschmittel vom Himmel fällt, ist der Herbst gekommen. Wenn die Kugeln aus ihren stacheligen Hüllen fallen, werden die Hosentaschen mit Kastanien vollgestopft und Körbe mit den wunderschönen glatten Früchten gefüllt. Kastanienmännchen, Kastanienketten – Kastanien gehören zur Herbstbastelei dazu. Aber als Waschmittel? Und das soll sauber waschen?

MATERIAL

- **Kastanien**
- **Glas mit Schraubdeckel**
- **Wasser**
- **Stein oder Hammer**
- **evtl. Essig für die Waschmaschine**
- **gutes ätherisches Öl**

Rezept für eine Waschmaschinenladung: vier bis fünf klein gehackte Kastanien in ein kleines Glas geben und einfach mit kaltem Wasser aufgießen. Für mehrere Stunden stehen lassen, sodass sich die Saponine aus den Kastanien lösen.

Als Waschmittel für die Waschmaschine im Waschmittelfach gib immer einen Spritzer Essig dazu, um das Wasser weicher zu machen, und lass dann den Rosskastaniensud durch ein Sieb einlaufen. Damit die Wäsche fein duftet gebe ich noch vier bis fünf Tropfen eines hochwertigen ätherischen Öls dazu.

200 ml reichen für eine volle Waschmaschinenladung. Die Kastanien kannst du bis zu viermal wiederverwenden, allerdings lässt die Waschkraft nach. Ich nehme sie dann für meine Wollsachen oder zum Geschirrspülen und Händewaschen.

Waschmittel für den wilden Haushalt
Ganzjahreswaschmittel kann man auch aus Efeublättern herstellen. Der Efeu ist immergrün und somit immer verfügbar. Er enthält Saponine und ist deshalb auch ein gutes Waschmittel.

Eine Handvoll Efeublätter in ein Glas füllen, mit Wasser aufgießen und einen Tag stehen lassen.

Das Efeuwaschmittel genauso verwenden wie das Kastanienwaschmittel.

Zahnputzzeug für wilde Leute

Den ganzen Tag Schnecken gegessen, Würmer gelutscht und süße Beeren genascht? Auch Waldläufer legen Wert auf Zahnpflege, bevor sie sich in die Laubhütte zum Schlafen kuscheln.

Die Natur bietet sogar so eine große Auswahl an Rohstoffen für Zahnbürsten, dass sich ein Waldläufer täglich schnell eine neue Zahnbürste nach seinem Geschmack herstellen könnte. Wenn gestern mit Weide geputzt wurde, könnte es heute eine Zahnbürste aus Haselnuss werden oder vielleicht Birke? Und den Härtegrad kann sich jeder nach Bedarf zurechtklopfen.

MATERIAL

- **Ast von einem ungiftigen Baum (Hasel, Weide, Birke, Linde usw.)**
- **Säge**
- **Stein**

Mit einem flachen Stein werden die Fasern des Holzes auf einem festen Untergrund aufgespalten, und schon können die Zähne damit geputzt werden.

Der Ast sollte so dick wie eine Zahnbürste sein und so lang, dass er gut in deine Hand passt. Von dem vorderen Kopfteil wird die Rinde entfernt und das Astende auf einem Stein platt geklopft, bis sich das Holz spaltet und der gewünschte Härtegrad erreicht ist.

Die Zahnbürste nach maximal einer Woche auswechseln. Für alle, die unbedingt frischen Atem nach dem Zähneputzen verspüren möchten, gibt es in der Wilden grünen Kräuterwerkstatt noch ein Rezept für Zahnpulver und -creme (siehe Seite 122).

Das Feuer verwandelt einfache Hölzer in tolle schwarze Zeichenkohlestifte.

Zeichenkohle

Historische Höhlenzeichnungen wurden mit verkohltem Holz geschaffen. Verkohltes Holz als Zeichenmaterial zu verwenden, ist wohl eine so alte Technik wie die Menschheit selbst. Zeichenkohle zeichnet silbergrau und lässt sich gut mit den Fingern verwischen, deshalb malen besonders Kinder gerne mit ihr.

MATERIAL

- **Lindenholz in Bleistiftgröße (auch Weide und Birke sind geeignet)**
- **Blechdose mit einigen Löchern**
- **Taschenmesser**
- **Feuer mit ausreichend Glut**
- **Zeichenkarton oder flache Steine**

Suche dir einen fingerdicken Ast von einer Linde, Birke oder Weide, der so lang sein sollte, dass du die gewünschte Anzahl Kohlestifte erhältst.

Bereite eine Blechdose vor, indem du auf der Vorder- und Rückseite mit einer Schraube oder einem Nagel einige kleine Löcher einschlägst, damit die Luft entweichen kann.

Entfache ein Feuer und schneide den Ast in bleistiftlange Stücke zu. Du kannst den dünnen Ast auch mit einer guten Astschere zuschneiden.

Geschnittene Aststücke in die Blechdose legen und die geschlossene Blechdose für etwa 10 Minuten ins Feuer stellen. Nimm dir zwei lange Holzstecken, um die Blechdose aus dem Feuer zu holen. Sie ist sehr heiß, und du kannst sie für eine Weile am Rand der Feuerstelle abkühlen lassen.

Aus den Ästen sind nun schwarze Kohlestifte geworden. Hast du ganz dünne Kohlestifte gemacht, könntest du diese auch in einen dickeren Holunderast schieben, siehe Frau Holles Schreiberling auf Seite 87.

Döschen für allerlei Kostbarkeiten

Unser ältester Sohn ist der geborene Jäger und Sammler und hatte immer die Taschen gefüllt mit allerlei Kostbarkeiten, die er draußen entdeckte. Manchmal bemerkte ich die wundersamen zarten Baumsamen oder kleinen Edelsteine nicht, und alles landete in der Waschmaschine. Für die Waschmaschine kein Problem, aber für die Schätze in der Hosentasche und natürlich für unseren Sohn. Deshalb entstand die Idee, kleine Dosen anzufertigen, die in jede Tasche passten und sich beim Entkleiden bemerkbar machten. Später haben wir die Dosen so groß gefertigt, dass daraus eine praktische Stiftedose für die Schule wurde.

Der japanische Staudenknöterich ist ein Einwanderer und wächst unter seinen Artgenossen gerne bis zu vier Meter hoch. Seine dicken Stängel sind robust und halten getrocknet ewig. Wir schneiden uns immer gleich einige

Aus den Stängeln des japanischen Staudenknöterichs lassen sich viele schöne Dinge basteln, zum Beispiel eine Stiftedose.

Stängel mehr, weil man mit ihm viele schöne Sachen basteln und bauen kann (siehe auch die Wasserfilteranlage auf Seite 85) Im Winter zieht er sich in die Erde zurück.

MATERIAL

- **Japanischer Staudenknöterich**
- **Weide, Linde oder Fichtenast**
- **Klappsäge**
- **Schnitzmesser**

Der Boden der Dose ist beim Staudenknöterich bereits im Stängel natürlich gewachsen, und je nach gewünschter Größe sägst du unterhalb des Bodens (Nodien) ab und schon ist die Dose fertig.

Für den Deckel schnitze aus einem Ast einen Korken. Schnitze dafür erst genau den Durchmesser deiner Dose ab und säge danach den Deckel flach ab.

Vielleicht hast du auch Glück und findest bei einem Erwachsenen einen Korken von einer Champagnerflasche, der genau passend ist.

Knöterichflöte
Einfach unterhalb des Knotens (Nodie) absägen und wie in einen Flaschenhals pusten. Je nach Stärke und Länge der Knöterichflöte entstehen unterschiedliche Töne.

Wurzelamulette schnitzen

Eine heilige Handlung für die Menschen vor unserer modernen Zeit war es, im Herbst Wurzeln auszugraben. Die heilkräftigen Wurzeln konnten ihr Überleben in den kalten und kargen Wintermonaten sichern, und sie dienten auch als Nahrung in diesen Monaten. Die Wurzeln wurden in besonderer Weise und von Kräuterkundigen ausgegraben, denn im Herbst ist bei vielen Pflanzen das Blattwerk verwelkt, und die Pflanzen sind nur noch von einem Fachkundigen zu erkennen. Eine wichtige Regel aus diesen Zeiten ist es, immer nur einen Teil der Wurzel zu entnehmen, damit die Pflanzen im nächsten Jahr wieder kräftig wachsen können.

Es ist spannend, mit Kindern nach Wurzeln zu graben, nachdem gemeinsam die Pflanze bestimmt wurde. Die Wurzeln sehen unterschiedlich aus, und ihr Widerstand, aus der Erde zu kommen, kann beachtlich sein. Dann kann man sie aber ganz genau betrachten, daran riechen, sie schmecken und mit allen Sinnen untersuchen. Die reiche Fantasie der Kinder wird beflügelt, und es können geheimnisvolle Geschichten über die ausgegrabenen Dunkelgestalten aus der Erde entstehen. Besonders interessant ist es, die

fertigen Wurzelamulette beim Trocknen und Schrumpfen zu beobachten, wenn sich plötzlich nach einigen Tagen die Elfe in einen Kobold verwandelt hat.

MATERIAL
- **Wurzeln von Beinwell, Beifuß, Engelwurz, Königskerze, Bärenklau, Fichte**
- **Spaten oder Geweih**
- **Schnitzmesser**
- **Handbohrer**
- **Schnur**

Wer möchte, kann die Wurzeln vorher waschen. Ich finde es jedoch schöner, sie nur grob von der Erde zu befreien, zu schnitzen und sie vielleicht danach noch mit Wasser zu reinigen oder später die getrocknete Erde abzureiben. Mit dem Handbohrer ein Loch für die Schnur bohren, auffädeln und trocknen lassen.

Wurzelamulette können sich auch schon ganz kleine Kinder schnitzen, denn die Wurzeln sehen ohne große Bearbeitung selbst wie Trolle, Engel oder Kobolde aus.

Steinbeil

Was war in der Steinzeit das wichtigere Werkzeug? Das Beil oder das Messer? Welches Werkzeug konnte den Menschen das Überleben sichern? Und wie sollten diese Werkzeuge ohne Eisen hergestellt werden? Überlegen Sie mit den Kindern und gehen Sie auf Spurensuche.

MATERIAL
- **1 Holzast, so lang wie der Unterarm des Kindes**
- **1 flacher Stein in Form einer Axt**
- **Paketschnur**
- **1 Schnitzmesser**
- **Holzstück als Hammer**
- **Rohhaut**

Wer einen Handbohrer zur Verfügung hat, der kann vorher oberhalb der Wicklung in Spaltrichtung quer ein Loch mittig durch den Ast bohren. Das hat den Vorteil, dass sich der Spalt nur bis zum vorgebohrten Loch bewegen

»Eisen vertreibt die Elfen«, lautet ein uralter Spruch. Die Kräuterleute früherer Zeiten glaubten fest daran und gruben ihre Wurzeln im Herbst nur mit einem Geweih aus.

Bereits in der Steinzeit wurden so einfache Werkzeuge aus Feuerstein und einem Ast, festgebunden mit Rohhaut, angefertigt.

kann und du später besser vom Grund weg nach oben abschnitzen kannst.

Um das Holzstück nicht zu tief aufzuspalten, bringst du eine Wicklung in der gewünschten Höhe an. Die Höhe kannst du mit dem Stein abmessen und dann unterhalb des Steinkeils mit der Schnur die Wicklung machen.

Jetzt legst du das Messer am Holz an und spaltest mit einem zweiten Stück Holz den Beilstiel bis zur Wicklung bzw. dem Bohrloch (in gleiche Richtung wie Bohrloch spalten). Nun kannst du vorsichtig noch etwas Holz abschnitzen, bis der Stein leicht in den Spalt einzuschieben ist.

Wenn der Stein gut im Spalt sitzt, bringst du noch eine Kreuzwicklung über dem Stein an. Das Material für diese Wicklung kann eine einfache Schnur sein, oder wer ganz originalgetreu arbeiten möchte, der wickelt mit einer Rohhaut.

Rohhaut aus dem Tierfachhandel sind Hundekauknochen. Weichen Sie sie einen Tag in Wasser ein und schneiden einen langen Streifen ab, der als Schnur verwendet wird. Sie zieht sich mit der Trocknung zusammen und festigt alles um ein Vielfaches.

Eine weitere Möglichkeit, den Stein zu befestigen, ist der Fichtenharzkleber von Seite 88.

Ein Steinbeil mit Rohhautwicklung, wie es schon unsere Vorfahren herstellten.

Das durch Hitze verflüssigte Birkenpech wird mit einem angespitzten Ast vorsichtig in die Holzkerbe gestrichen. Dann wird der Feuerstein eingesetzt und falls nötig an den Rändern noch mit Birkenpech verstrichen. Nach kurzer Zeit ist das Birkenpech ausgehärtet und die Klinge sitzt fest im Griff.

Steinmesser

Um herauszufinden, welches Werkzeug nun wichtiger für die Menschen von damals war, bleibt nur noch der Weg, auch noch ein primitives Messer zu bauen, um beides im Gebrauch zu testen. Was meinst du?

MATERIAL

- **1 Holz für den Griff**
- **1 flacher Stein oder für ein scharfes Messer der Abschlag eines Feuersteins**
- **Fichtenharzkleber oder Birkenteer**

Suche dir einen flachen Stein und ein passendes Holzstück dazu, damit der Stein, der deine Messerklinge wird, gut in das Holzstück passt. Achte bei deiner Auswahl auch auf die Handlichkeit des fertigen Steinmessers: Wähle das Material so aus, dass das fertige Messer beim Schneiden gut in der Hand liegt.

Überlege dir, wie du den Stein, also die Klinge, in das Holz einpassen möchtest. Beginne damit, die Kerbe dafür herauszuarbeiten. Dafür kannst du ein Schnitzmesser verwenden, aber denke daran, früher wurde das mit dem Stein gemacht, der dann auch eingesetzt wurde.

Prüfe immer wieder, ob die Kerbe lang und tief genug ist, damit der Stein gut darin befestigt werden kann.

Erhitze den Kleber, den du verwenden möchtest, und streiche mit einem Ast den flüssigen Kleber in die Kerbe. Setze nun den Stein ein und drücke ihn gut fest. Anschließend kannst du zur Fixierung des Steins noch eine kleine Hohlkehle mit einem nassen Finger um den Stein ziehen.

Ist der Kleber getrocknet, kannst du das Steinmesser schon verwenden.

Wilder Naturhandwerker-Tipp
Mit nassen Fingern kannst du den Kleber gut verstreichen, ohne dass du danach klebrige Finger bekommst.

Wildes grünes Kräuterhandwerk im Herbst

Zahnpulver

Für strahlend weiße und saubere Zähne sorgt die Naturzahnbürste, und für frischen Atem das Zahnpulver oder eine Zahncreme. Ungläubige Blicke ernteten wir von den Erwachsenen, als wir erklärten, die Kinder würden sich ihr Zahnputzzeug komplett selbst herstellen. Umso beeindruckter waren sie, als sie von ihren Kindern beim Abholen die Zahnbürste und das leckere Zahnpulver gezeigt bekamen. Das selbst gefertigte Zahnputzzeug begeistert Kinder meistens so sehr, dass sie öfter als dreimal täglich Zähne putzen wollen …

MATERIAL

- **2 TL Birkenzucker oder Asche mit getrockneten Pfefferminz- oder Salbeiblättern**
- **8 EL Kokosöl**
- **1 Mörser**
- **kleine Gläser mit Schraubdeckel**

Getrocknete Kräuter mit dem Birkenzucker in den Mörser geben und fein mahlen. Fertig ist dein Zahnpulver für frischen Geschmack.

Das Zahnpulver kann mit einem Tropfen Wasser auf der Zahnbürste verwendet werden.

Wer lieber mit einer Zahncreme putzt, der rührt unter das Zahnpulver Kokosöl, bis eine cremige Paste entsteht.

Birkenzucker zum Zähneputzen?
Birkenzucker (Xylit) wirkt auf die Bakterien, die für die Entstehung von Karies verantwortlich sind (Streptococcus mutans). Xylit ist nicht nur für die Kariesprävention geeignet, sondern besitzt auch Karies reduzierendes Potenzial.
Kokosöl enthält Laurinsäure, und diese meiden Kariesbakterien. Deshalb können erst gar keine entstehen, wenn die Zähne mit Kokosöl gereinigt werden.

Aus wenigen Zutaten lässt sich ein Zahnputzpulver herstellen, das für gesunde Zähne sorgt.

Kräuterzauberstäbe

Aus Kräutern Stäbe zu binden, hat eine alte Tradition, denn schon früher hat man verschiedene Kräuter zusammengebunden, sie getrocknet und dann bei Bedarf zum Räuchern angezündet. Meist wurden sie für Schutz und Segen gebunden, um sie dann bei Unwetter, einem Familienereignis oder im Stall für gute Gesundheit des Viehs zu verräuchern. Bestimmte Kräuter sollten für spezielle Anwendungen wirken. Ein Brauch war, in die Mitte eine Königskerze zu binden, als Symbol für ein langes erfülltes Leben und drum herum andere Kräuter wie Beifuß, Rainfarn, Salbei, Schafgarbe, Johanniskraut und Engelwurz und was noch an heilenden Kräutern geeignet war.

Gemeinsam hinausgehen und Kräuter sammeln, sie riechen, fühlen und benennen, um sie dann zu binden, das ist für Kinder ein sehr eindrucksvolles Erlebnis. Beim Zusammensitzen, Kräutersortieren und Stäbebinden beschleicht uns ein Gefühl von alten Zeiten, von einem einfachen Leben und gemeinsamen Tun im Jahreskreis. Geschichten von Großmüttern und alten Tanten oder Lieblingsmärchen, die mit eigenen Worten nacherzählt werden, machen die Kräuternachmittage im Spätsommer unvergesslich.

Kinder haben zumeist eine genaue Vorstellung über Zweck, Kräuterarten und späteren Einsatz ihrer Kräuterzauberstäbe, deshalb können alle ganz frei binden. Erfahrungsgemäß bleibt es nie bei nur einem Kräuterzauberstab.

MATERIAL
- **Kräuter**
- **Messer oder Gartenschere**
- **Baumwollband**

Die fest geschnürten Kräuterstäbe werden getrocknet, bevor sie verräuchert werden.

Aus den Kräutern wird ein schmaler Strauß gebunden, den du am besten zuerst mithilfe einer zweiten Person oben und unten fest zusammenhälst, um ihn mit einem Band zu fixieren. Wenn du alleine deinen Kräuterstab bindest, suche dir eine flache Ablage und

achte auf gleiche Länge der Pflanzen, dann hält es besser zusammen.

Setze dich nun hin und lege die Pflanzen auf deine Beine, damit du leichter arbeiten kannst. Beginne, das Baumwollband immer einmal um die Kräuter zu binden und fest zu verknoten, dann drehst du die Kräuter und machst es genauso auf der anderen Seite. Immer umwickeln und wieder verknoten und so fortfahren bis zum Ende. Wirkt die Schnürung zu locker, wiederhole in die entgegengesetzte Richtung noch einmal den Vorgang.

Der Kräuterzauberstab kann jetzt an einem luftigen Ort trocknen. Wenn du ihn anzündest, achte auf Funkenflug. Zünde den Stab nur an der Spitze an und erzeuge durch Anpusten erneut Glut, sodass der Kräuterzauberstab gleichmäßig abbrennen kann.

Vorsicht: Den Kräuterzauberstab nur unter Aufsicht und am besten im Freien entzünden, denn es handelt sich um getrocknetes, leicht entflammbares Pflanzenmaterial!

Kandierte Herbstblüten

Ringelblumenblüten mit einer Lösung aus Kirschharz besprühen, mit Zucker kandieren und trocknen. Die so kandierten Blüten kannst du als essbare Dekoration für Kuchen, Torten und Desserts verwenden.

Kirschharz sammeln wir auf Vorrat und trocknen es. Es wird zur Verwendung fein gemahlen. Wir verwenden dafür einen Mörser.

Waldengelsirup

Die Waldengelwurz steht aufrecht und stark am Waldrand. Schon die Menschen in der Steinzeit kannten sie und nutzten sie als Heilpflanze. Das belegen Samenfunde aus der Steinzeit. Die Engelwurz, auch Angelika genannt, verhilft zu neuem Mut, und ihr Sirup schmeckt wunderbar süß und spendet bei Niedergeschlagenheit und Traurigkeit neue Tatkraft und Zuversicht.

MATERIAL

- **Engelwurz**
- **Zucker**
- **1 Glas mit Schraubdeckel**

Die Stängel der Engelwurz werden in 3–5 cm große Stücke geschnitten und mit Zucker vermischt. Die Masse sollte aus gleichen Teilen bestehen. Dann füllst du sie in Gläser und schraubst diese gut zu. Nach einiger Zeit entsteht ein süßer und sehr aromatischer Sirup.

Ein kleiner Löffel davon versüßt den Tee an kuscheligen Herbstabenden.

Wilde Werkstattküche im Herbst

Kobolds Kürbispfanne

In der Kindergruppe wurde »Umherstreifen« für den Nachmittag beschlossen. Umherstreifen bedeutet in die Richtung loszuziehen, in die uns unser Herz führt. An diesem Nachmittag führte es uns hinter einer kleinen Tannenschonung auf einen Acker. Die Kindergruppe kannte diesen Platz noch nicht. Auf dem Acker neigten riesige Sonnenblumen ihre schweren Köpfe zur Erde, als wollten sie uns auf die orangen »Bälle« unter ihnen aufmerksam machen. Zwischen den Sonnenblumen wuchsen eine Menge großer reifer Kürbisse. Alle staunten, denn mit einer Kürbisplantage im Wald hatte niemand gerechnet. Die Kinder begannen sogleich, über den Geheimgarten zu spekulieren, und weil Kinder lieber an fabelhafte Geschichten glauben, konnte das nur der Garten eines Kobolds sein. Ob man wohl aus dem Garten des Kobolds einfach etwas ernten durfte?

Wir nahmen zwei Kürbisse und vier Sonnenblumen mit (da ich den Besitzer des Ackers kannte, konnte ich von seinem Einverständnis ausgehen, und die Kinder beschlossen, dem Kobold nach unserem Mahl die Kürbis- und Sonnenblumenkerne wieder zurückzubringen, damit neue Pflanzen daraus wachsen könnten.

ZUTATEN

- **2 Esskürbisse je nach Größe (Hokkaido oder Butternut)**
- **2 Karotten**
- **3 Petersilienwurzeln**
- **2–4 Süßkartoffeln**
- **ausgegrabene, essbare Wurzeln (Beinwell, Engelwurz, Topinambur)**
- **Butterschmalz**
- **Wasser**
- **Kräutersalz**
- **große Pfanne, z. B. Muurikka oder Kessel**
- **langer Bratwender**

Alle Zutaten werden gut geputzt und klein gewürfelt.

In einer großen Pfanne oder in einem Kessel über dem Feuer Butterschmalz schmelzen lassen und erst die Karotten, die Petersilienwurzeln, Süßkartoffeln und essbare Wurzeln andünsten. Dann die Kürbiswürfel hinzugeben und mit wenig Wasser aufgießen. Alles weich kochen, mit Kräutersalz abschmecken und genießen.

Wilder Leckerschmecker-Tipp
In der finnischen Pfanne (Muurikka) lassen sich leckere, mit Käsescheiben gefüllte Beinwell -oder Huflattichblätterpäckchen zubereiten!

Waldarbeiterkuchen

Nach einem langen Tag im Wald am wohlig warmen Lagerfeuer sitzen und etwas Leckeres essen, während man die knisternden Flammen beobachtet und sich Geschichten des Tages erzählt. Sicher haben das früher die Waldarbeiter auch gemacht, bevor sie sich für die Nacht in ihre Hütten zurückgezogen haben. Für Kinder ist es ein Glanzpunkt, an kühlen Herbstnachmittagen am Feuer zusammenzukommen und gemeinsam Kuchen an einem Stock zu grillen.

ZUTATEN

- **500 g Mehl**
- **250 ml lauwarme Pflanzenmilch, Milch oder Wasser**
- **1 Würfel frische Hefe**
- **8 TL Zucker**
- **2 TL Zimt**
- **1 Prise Salz**
- **Schüssel**
- **Stöcke**

Der Teig kann gut vorbereitet werden, und die Stöcke für den Kuchen sammeln wir im Wald. Schnitze den oberen Teil des Stockes, um den du den Teig wickeln möchtest, vorher etwas ab. Dein Stock sollte so lang sein, dass du in einer gemütlichen Sitzposition den Teig am Stock eine Zeitlang übers Feuer halten kannst.

Wickel den Teig dünn auf, damit er gut durchgebacken wird. Denn bei zu dicken Teigschichten wirkt der Kuchen von außen gar, ist innen aber noch roh.

Dazu gibt es warmen Früchtetee oder heißen Kakao.

Schalentee

»Bei uns wird nix weggeschmissen!«, sagte meine Tochter bestimmt und gab die Apfelschalen in ihren Tee. Von diesem Tag an gab es nicht nur Apfelschalentee, sondern auch Orangen- und Zitronenschalentee, und es wurden mit viel Spaß noch andere wilde Schalenteesorten ausprobiert. Welche Schalentee-Idee habt ihr?

ZUTATEN

- **Obstschalen (von ungespritztem Bio-Obst)**
- **heißes Wasser oder auch Kräutertee**

Schalen lassen sich, an einer langen Schnur aufgefädelt, auch gut trocknen!

Schon kleine Kinder können solche Schalenschnüre alleine gut herstellen.

Die Schokolade wird im Wasserbad über dem Feuer geschmolzen, dann die Gundelrebenblätter in die flüssige Schokolade getaucht und zum Auskühlen ausgebreitet. Eine köstliche Nascherei!

Wildnis-Betthupferl

Frau Gundelrebes Schokotaler

Die Gundelrebe krabbelt am Erdboden entlang und hält sich mit ihren kleinen Füßchen manchmal richtig fest. Selbst unter einer Schneedecke kann man sie im Winter noch ausfindig machen. Das alte Heilkraut eignet sich als schöner Haarschmuck und wurde früher als Gürtel getragen, und der Geschmack der herzförmigen Blättchen erinnert an Pfefferminze.

ZUTATEN

- **Blätter von der Gundelrebe mit Stiel**
- **Schokolade**
- **Wasser**
- **1 Topf und ein Schälchen, welches in den Topf passt**

Schokolade im Wasserbad schmelzen lassen. Immer ein Gundelrebenblatt in die Schokolade tauchen und zum Auskühlen auf ein Brett auflegen.

Druidenmus

Die keltischen Gelehrten, die weisen Druiden, verehrten die Eberesche als heiligen Baum. Sie kannten das Geheimnis der gesunden Früchte, der Vogelbeeren. Die Vogelbeeren halten viele für giftig, doch die Menschen in früheren Zeiten wussten, dass die Vogelbeeren voller wertvoller Vitamine stecken, und kochten sich in der kalten Jahreszeit ein nahrhaftes Mus daraus.

ZUTATEN

- **5 Handvoll Vogelbeeren**
- **Birnendicksaft**
- **Vanille**

Die Vogelbeeren von den Stielen zupfen und in einem Topf erwärmen. Mit Birnendicksaft aufgießen und mit einer Prise Vanille würzen. Schmeckt sehr lecker zu den Feuergeistermuffins.

Feuergeister-Muffins

Das Herbstmenü nahm seinen Höhepunkt in der Abenddämmerung am Lagerfeuer mit einer leckeren Nachspeise. Die Orangenmuffins kamen in die Glut, und die Backzeit wurde mit Gruselgeschichten-Erzählen verkürzt.

»... und als er sich endlich traute, mit zitternden Knien näher in das finstere geheimnisvolle Versteck, in dem die funkelnden Augen lauerten, zu schleichen, erkannte er plötzlich die höhnisch lachenden Feuergeister!«, flüsterte ein Junge mit angespannter Stimme und blickte gebannt in die Glut mit unseren backenden Orangenmuffins.

»Feuergeister-Muffins!«, rief ein Mädchen daraufhin aufgeregt. »Es sind die funkelnden Augen der Feuergeister-Muffins!«

Und tatsächlich, der blubbernde Teig in den Orangenschalen in der Glut sah aus wie Gesichter ...

ZUTATEN

- **300 g Vollkornmehl**
- **2 TL Backpulver**
- **50 g Zucker**
- **1 Prise Salz**
- **Saft von 1 Orange**
- **70 ml Pflanzenöl**
- **etwas Pflanzenmilch oder Kuhmilch**
- **einige Orangen, halbiert**
- **1 Schöpflöffel**
- **kleine Löffel zum Essen**
- **eine Holzzange**

Presse die Orangen aus und verwende die Schalenhälften als Muffinformen. Wenn man noch ein wenig Fruchtfleisch in den Schalen zurücklässt, bekommen die Muffins ein noch intensiveres Orangenaroma.

Bereite aus allen Zutaten den Teig zu und fülle ihn etwa zur Hälfte in die Orangenschalen. Stelle sie in die Glut. Die Muffins brauchen etwa eine halbe Stunde, bis sie durchgebacken sind.

Die in der Glut blubbernden Muffins laden zum Geschichtenerzählen ein.

Winter

Zeitqualität und Bedeutung für ein naturverbundenes Leben mit Kindern

Mutter Erde ruht, Väterchen Frost streift umher, und das Leben in der Natur hat sich zurückgezogen. Es ruhen in der kargen Stille der Wintermonate zwar die Keime und Samen in der Erde, aber ihre Strukturen sind bis in den kleinsten Blattwuchs bereits ausgestaltet, und die neuen Blüten und Früchte erträumen, behütet im Erdreich, sich zum Werden und Sein. Auch wir ziehen uns zurück, mummeln uns in wärmende Stoffe ein, kosten die wenigen Stunden des Tages aus und reduzieren unsere Aktivitäten.

An Wintersonnentagen genießen wir die kostbaren Sonnenstrahlen, und wenn König Winter uns mit Schnee gesegnet hat, werden Schneerutscher und Skier hervorgeholt, Schneemännerbäuche gerollt, und wir toben uns mit den Kindern bei wilden Schneeballschlachten aus. Danach genießen alle das Gefühl, durchgefroren mit kalten Händen und roten Nasenspitzen, sich am Feuer oder an der Heizung aufzuwärmen und zu spüren, wie dabei das Blut in uns pulsiert. Eine Zeit, in der wir besonders auf uns achten und für uns sorgen sollten.

Es sind Tage der Stille, in denen wir Gedanken und Dinge sortieren und in Ordnung bringen können. Eine überaus inspirierende Zeit, wenn wir uns an das Vorbild der Natur halten, es uns erlauben, uns in die Stille zurückzuziehen und Innenschau zu halten. Es sind die Monde der Geschichtenzeit, des Rückblicks, aber auch der Vorausschau auf kommendes Neues. Wir sammeln unsere Kräfte für neue Taten und spüren den Erfahrungen des vergangenen Jahres nach, um neue Erkenntnisse und Gewohnheiten in unseren Alltag zu integrieren.

Die Wintermonate sind von geheimnisvoller Erwartung und einer heiligen Atmosphäre durchdrungen, bis an der Wintersonnwende das neue Licht geboren wird. Und wir verlassen den Norden und spüren die langsam wiederkehrende Helligkeit und neue Energie im Nordosten. Mütterchen Tau schleicht über die Felder und Wälder, und erstes neues zartes Grün spitzt hervor.

Naturnahe Begleitung im Winter

- Suchen Sie Spuren im Schnee, verfolgen Sie die Wege der Tiere, die nun sichtbar werden.
- Was machen die Tiere im Winter?
- Fädeln Sie Erdnüsse, Apfelscheiben und Rosinen an langen Schnüren auf und schmücken sie damit einige Bäume im Wald für die Waldtiere.
- Versuchen Sie, Bäume an deren Rinde und Knospen zu erkennen.
- Stellen Sie Futterhäuschen für die Wintervögel auf und überlegen Sie, welche Vögel noch hier sind und welche Sie vermissen.
- Entzünden Sie im Winter draußen ein Feuer und erforschen Sie, was sich in der kalten Jahreszeit dabei verändert hat.
- Stellen Sie Gefäße mit Wasser in der Nacht zum Gefrieren raus.
- Beobachten Sie die Wasseroberfläche von Seen und Bächen.
- Schauen Sie sich Eiskristalle ganz genau an. Erkennen Sie die Einzigartigkeit jedes Eiskristalls?

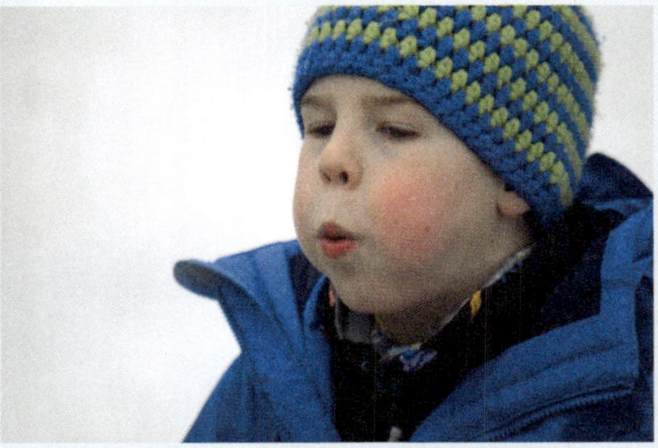

- Gehen Sie nach draußen und stapfen Sie durch Schnee. Welche Geräusche entstehen durch die Schneeschicht auf Wegen und Straßen?
- Bauen Sie Schneehöhlen, Iglus und machen Sie Schneeballschlachten.
- Unternehmen Sie eine Fackelwanderung im Schnee.
- Schauen Sie nach, welche Pflanzen auch im Winter noch wachsen.
- Gestalten Sie einen Jahreszeitentisch mit Zapfen, Zimtsternen, und basteln Sie eine Schneekönigin aus Märchenwolle, die die Zeitqualität versinnbildlicht.
- Überlegen Sie, was die Menschen früher in den Wintermonaten gemacht haben.
- Welche eigenen Handwerksideen haben Sie im Laufe des Jahres mit Ihren Kindern entwickelt? Jetzt ist die Zeit, sie umzusetzen.
- Sortieren Sie die Natursammlung neu.
- Entzünden Sie zur Wintersonnwende ein Feuer, und feiern Sie die Wiedergeburt des Lichtes mit einem leckeren Essen am Lagerfeuer.

Ritual zu den Raunächten oder Weihenächten

Die zwölf heiligen Nächte zwischen dem 25. Dezember und dem 6. Januar haben in vielen Kulturen traditionell eine hohe Bedeutung. Viele Mythen und Sagen ranken sich um diese Zeit, und in ländlichen Gegenden wird das Brauchtum der Räucherung und der Orakeltage noch heute praktiziert.

Wir haben mit unseren Kindern immer ein sehr schönes Ritual praktiziert, das uns nicht nur die besondere Zeitqualität bewusst gemacht, sondern uns auch an jedem Tag zusammengeführt hat, um die kleine Zeremonie zu vollziehen.

Am Abend des 24.12. bekommt jeder 13 kleine Zettel, auf die im Geheimen 13 Wünsche geschrieben werden. Die Wünsche sind aber nicht materieller Art oder nur Wünsche für das eigene Wohlbefinden, sondern Wünsche für alle Menschen, die Familie, den Frieden auf Erden und Gesundheit oder Zukunftsvisionen.

Kleinere Kinder malen ihre Wünsche mit Symbolen auf oder beschriften gemeinsam mit älteren Geschwistern oder einem Elternteil die Zettel. Die Zettel werden gefaltet, und jeder gibt seinen Wunschzettel in ein Körbchen oder in eine Schatzkiste.

Noch an diesem Abend des 24.12. wird der erste Wunschzettel feierlich gezogen und in einem feuerfesten Gefäß oder an der Feuerstelle verbrannt. Der Rauch steigt hoch und trägt den Wunsch ins Universum, während wir nochmal intensiv an unsere Wünsche denken.

Nach zwölf Tagen bleibt ein letzter Wunschzettel übrig, der nicht verbrannt wird. Dieser wird geöffnet und vorgelesen. Die Botschaft dieses Wunsches wird nicht vom Universum erfüllt und richtet sich an den Wünschenden persönlich; dieser ist nun aufgefordert, sich selbst für die Erfüllung des Wunsches einzusetzen. Das kann eine kleine oder auch größere Herausforderung werden.

Wildes Naturhandwerk im Winter

Glutbrennen und Schnitzen

Eine Handwerkstechnik der Steinzeit, ohne Axt und Messer Gefäße, Trommeln und Boote herzustellen, ist unter anderem auch das Glutbrennen. Gerade an kalten Wintertagen draußen in der Natur am Feuer ist dies eine passende Beschäftigung für Kinder, mit dieser archaischen Methode Schalen, Becher, Löffel oder andere Formen anzufertigen.

MATERIAL

- **Holz, am besten sind Weichhölzer wie Linde, Fichte oder Pappel geeignet. Härteres Holz verlängert den Glutbrennvorgang und kann für Kinder sehr ermüdend werden.**
- **1 Holzzange**
- **1 kurzer Ast, um die Glut festzuhalten**
- **1 alter Löffel**

Für das ausgewählte Holzstück, das dick genug ist, um daraus eine Schale oder einen Löffel zu brennen, wird mit der Holzzange Glut aus dem Feuer geholt und auf die glatte Fläche gelegt. Es ist gut, wenn diese Aufgabe ein Erwachsener begleitet!

Halte mit dem Ast die Glut gut fest!

Durch leichtes Pusten entfachst du immer wieder Glut, sodass sie sich in das Holz einbrennen kann.

Halten Sie die Kinder immer wieder dazu an, Pausen einzulegen und die Lungen mit Sauerstoff zu füllen!

Zwischendurch kannst du mit einem alten Löffel die so entstandene Mulde auskratzen.

Das Glutbrennen ist eine archaische Technik zur Herstellung von Schalen oder Löffeln.

Durch leichtes Anpusten wird die Glut immer wieder neu entfacht.

Ist die Mulde fertig gebrannt, wäschst du diese mit Sand und etwas Wasser aus.

Reibe sie gut aus, um alle Ascherückstände zu beseitigen. Dann spüle mit Wasser nach. Wenn die Grundform fertig ist, kannst du noch den Rand und restliche Teile nach deinen Wünschen zurechtschnitzen.

Wilder Naturhandwerker-Tipp
Beim Löffel zunächst auch auf der Seite, die man später in den Mund nimmt, noch Material (Holz) stehen lassen, um nach dem Glutbrennen bequem die Löffelform schnitzen zu können.

Rasselbau

Die meisten von uns denken bei einer Rassel an eine bunte Babyrassel aus Holz mit Glöckchen dran. Den Takt mit einer Rassel zu schlagen und die Luft mit Rasseln zu klären, ist aber eine uralte Methode von Urvölkern und Schamanen. Das gleichmäßige Geräusch einer Rassel beruhigt die Gemüter und gibt den Takt vor. Kinder stimmen sich augenblicklich in den Rhythmus einer Rassel ein, wenn sie nervös oder unkonzentriert sind. Ich verwende gerne Rasseln auf Wanderungen durch die Natur mit kleineren Kindern. Wenn jedes Kind mit einer Rassel ausgestattet ist, findet die Gruppe schnell in einen Gleichklang, und es entstehen zum Rhythmus Gesänge und kleine Verse.

MATERIAL

- **Rohhaut**
- **Fotokarton**
- **Stift**
- **Eimer**
- **Sand**
- **Füllmaterial: Reis, getrocknetes Getreide, Maiskörner, Erbsen und persönliche Dinge. Das können auch deine Milchzähne oder kleine Fundstücke sein.**
- **Schnur**
- **dicke Nadel und fester Faden**
- **Wasser**
- **Holz für Griff**

In früheren Zeiten wurden von einem Tierfell die Haare abgeschabt, um Rohhaut zu gewinnen und daraus Rasseln zu bauen oder Trommeln zu bespannen. Rohhäute gibt es heute beim Metzger oder Jäger, wenn du danach fragst.

Rasseln lassen sich in verschiedenen Formen und Größen anfertigen.

Überlege dir, welche Form und wie groß deine Rassel werden soll. Denke an eine Öffnung, um Sand einzufüllen und dann einen Haltegriff anzubringen.

Du kannst dir auch aus einem Fotokarton eine Schablone ausschneiden, die du dann auf die Rohhaut legst. Fahre die Schablone mit einem Stift nach und übertrage so deine gewählte Form zweimal auf die Rohhaut.

Nun schneide die beiden Teile aus und weiche die Rohhaut am besten einen Tag in einem Eimer mit Wasser ein. Aus den Rohhautresten schneide dünne Schnüre, die du auch einweichst für die Bindung am Holzgriff.

Am nächsten Tag nähst du die beiden gleichen Teile mit Nadel und Faden zusammen. Lass die Öffnung am unteren Rand aus, so wie bei einem Luftballon oder einem Flaschenhals.

Jetzt kannst du die Rohhaut umdrehen (umstülpen), damit die Naht nicht sichtbar ist, und Sand in die Öffnung einfüllen, bis die Rassel gut gefüllt ist. Stecke nun auch ein Holzstück, deinen Griff, in die Öffnung, damit sich die Rohhaut daran »anschmiegen« kann.

Stelle sie nun so an einem Ort auf, dass der Sand nicht herauslaufen und sie trocknen kann. Jetzt musst du geduldig warten, bis die Rohhaut hart und trocken geworden ist. Das kann wieder einen ganzen Tag oder auch bis zu zwei Tage dauern.

Ist die Rassel hart und trocken, kannst du den Sand ausrieseln lassen. Puste die Sandkörner vollständig aus oder kehre mit einem Pinsel das Rasselinnere sauber.

Prüfe nun, ob du den Holzgriff noch bearbeiten musst, damit du ihn in die Öffnung schieben kannst.

Bevor du den Holzgriff einschiebst und fest umwickelst, gib dein ausgesuchtes Füllmaterial in die Rassel.

Stecke dann den Holzgriff in die Öffnung und binde ihn mit der nassen Rohhautschnur fest. Ist die Wicklung getrocknet, kannst du die Rassel noch verzieren, um sie dann erklingen zu lassen.

Kienspanfackel

Wenn im Winter bereits am Nachmittag die Dämmerung einsetzt und die Kälte aufsteigt, ist es ein magisches Erlebnis, eine Wanderung durch den dunklen Wald zu unternehmen. Dabei zeigt sich, wer tapfer ist und wer sich gut in der Finsternis zu orientieren weiß.

Am frühen Nachmittag baut sich noch jeder seine eigene Fackel, um nach dem Orientierungslauf in der Dunkelheit des Winters gemeinsam das Licht zu entzünden und dann gemütlich im Schein der Fackel den Heimweg zu genießen.

Für jüngere Kinder habe ich immer einige Gartenhandschuhe dabei und achte darauf, dass der Fackelstab besonders lang ist.

MATERIAL

- **harziger Kienspan von einer umgefallenen Kiefer**
- **1 Ast**
- **Schnur, die brennt (Paketschnur), kein Plastik**
- **abgezupfte Birkenrinde**
- **Taschenmesser**

Harzreiches Holz, das durch einen Windbruch oder Blitzeinschlag umgefallen ist, spendet uns Material für eine selbstgebaute primitive Fackel. Meist im unteren abgebrochenen Stamm von Kiefern (aber auch aus Tanne, Fichte, Lärche) stehen einzelne harzige Holzstücke ab, die du leicht abbrechen kannst. Sammle dir einige davon.

Als Fackelstock sammelst du einen trockenen Ast von etwa 3–4 cm Durchmesser vom Waldboden auf.

Wickle die Schnur an der Stelle stramm um den Stock, an der dein Feuer enden soll, also etwa 10–15 cm unter dem Fackelbeginn.

Nun setze dein Messer oben an und schlage mit einem anderen Holzstück so auf die Klinge, dass sich der Holzstock bis zur Wicklung spaltet.

Den gleichen Vorgang führst du noch einmal durch, drehst den Fackelstock aber vorher um 90 Grad. In diese beiden entstandenen Spalten klemmst du nun abwechselnd deine Kiefernspäne ein. In die Lücken stopfst du noch trockene Birkenrinde.

Das sollte schon genügen, um die Fackel zu entzünden. Es ist natürlich noch möglich, weiteres brennbares Material einzubauen bzw. noch Schnur drum herum zu wickeln und zum Beispiel Kiefernharz daraufzuschmieren.

Töpfern mit Lehm

In der wilden Naturhandwerkstatt werden bei den praktischen Tätigkeiten alle Elemente der Natur spielerisch einbezogen. Kinder spüren schnell selbst, welche Elemente in ihr Schaffen einfließen, und die Verbindung entsteht selbsttätig.

Das Töpferhandwerk lässt sich gut in die vierte Jahreszeit einbinden, wenn der Boden noch vom Herbstregen aufgeweicht ist und noch keine starken Bodenfröste eingesetzt haben. Das wird für Kinder zu einer spannenden Entdeckungsreise. Ein tiefes Loch in die Erde graben und Lehm hervorholen macht Kindern bereits großen Spaß. Und Geschirr und kleine Kugeln oder andere schöne Figuren zu modellieren und zu töpfern und im Feuer

Das Töpfergut wird vor dem Brennen getrocknet.

Der selbst ausgegrabene Lehm enthält oft Sand und Steinchen. Um seine Brenneigenschaften zu testen, werden Probekugeln im Feuer gebrannt.

Mit kleinen Zweigen, Beeren, Steinen usw. können schöne Verzierungen in den weichen Lehm gedrückt werden.

Keramik zu brennen wie die Menschen aus der Steinzeit, wird zum eindrucksvollen Erlebnis.

Wir brennen unsere Teile im offenen Feldbrand, wie es schon die Menschen in der Steinzeit machten. Diese Methode funktioniert sehr gut, wenn die Lagerfeuerstelle vorher noch ein wenig tiefer ausgehoben wird. Es wäre auch möglich, die Keramikteile ohne Blechdosen in das Feuer zu schlichten, doch es ist für Kinderhände einfacher, mit den Dosen und der Holzzange zu hantieren. Außerdem sind die wertvollen Objekte in der Dose gut geschützt, und beim Schwarzbrand kann das Sägemehl sofort hinzugegeben werden.

MATERIAL

- **Lehm**
- **alte Blechdosen**
- **Handbohrer**
- **Holzspäne, Sägemehl oder Sand**
- **Schüssel mit etwas Wasser**
- **Holzzange**
- **Feuer (mehrere Stunden lang)**

Lehm lässt sich fast überall finden, wenn du tief genug gräbst. Lehm ist geschmeidig, und du kannst ihn leicht verkneten. Fertigen Ton könntest du aber auch in Keramikwerkstätten kaufen.

Entferne die groben Steine und Holzteilchen aus dem Lehm und knete ihn geschmeidig.

Ist der Lehm sehr trocken, nimm etwas Wasser in deine Hände und knete weiter.

Nun kannst du die Objekte deiner Fantasie frei formen und deine Ideen verwirklichen. Achte darauf, die Lehmobjekte nicht allzu groß werden zu lassen, denn sonst könnten sie beim Brennen brechen.

Lass die fertige Keramik gut trocknen!

Mach mit dem Handbohrer einige Löcher in eine Blechdose, damit beim Brennvorgang die Luft entweichen kann.

Nun kannst du wählen zwischen Sägemehl und kleinen Holzstücken für einen schwarzen Brand, oder du entscheidest dich für Sand, bei dem deine Stücke die rotbraune Farbe des Lehms behalten.

Befülle die Blechdose mit dem Material und deinen Objekten.

Lass dein Feuer ein wenig abbrennen, bevor du die Dose in das Feuer schiebst. Das Feuer sollte mindestens zwei Stunden gut brennen.

Hole die verkohlte Dose vorsichtig mit deiner Holzzange aus der Glut und lass sie abkühlen, bevor du dein fertiges Töpferwerkstück auspackst.

Wilder Naturhandwerker-Tipp
Auf dem kahlen Waldboden, unter Ästen und verwelktem Gestrüpp finden sich viele leere Schneckenhäuser. Aus Lehmresten lassen sich hübsche Schnecken formen, auf die du dann echte Schneckenhäuser setzen kannst.
Bringe dafür einen kleinen Ring mit Loch auf den Schneckenkörper an, an dem du später, nach dem Brennen, mit einem Stück Draht das Schneckenhaus befestigen kannst. Damit hast du eine hübsche Dekoration für den Jahreszeitentisch oder -platz.

Schneckenhäuser mit Schnecken aus Naturknete

Wenn du bei der Lehmsuche nicht fündig wirst, kannst du die Schneckenkörper ganz einfach auch aus Naturknete formen. Ansonsten ist das Vorgehen das gleiche wie bei der Lehmvariante.

MATERIAL
- **$^1/_2$ Tasse Speisesalz**
- **2 EL Speiseöl**
- **1 Tasse Mehl**
- **etwas kochendes Wasser**

Steinzeitkleber

»Ich habe Birkenpech ... so ein Glück!«, mag es in der Steinzeit wohl des Öfteren durch die Wälder geklungen haben. Der Steinzeitkleber aus Birkenrinde kann es mit seiner starken Klebekraft mit einem modernen Kraftkleber aufnehmen.

Es nimmt einige Zeit in Anspruch, Birkenpech und daraus den Steinzeitkleber herzustellen, aber es ist ein spannender Prozess für Kinder, zu verfolgen, wie aus gesammelter Rinde ein Kleber entsteht.

Die Birkenpechherstellung dauert bis zu sieben Stunden und sollte unbedingt von Erwachsenen begleitet werden!

MATERIAL
- **Birkenrinde**
- **1 alter Topf mit Deckel und kleinem Loch drin**
- **1 Blechdose ohne Deckel**
- **1 kleines Stück Drahtgeflecht**
- **1 kleine Schaufel**
- **Lehm**
- **Feuer**

Es muss zunächst Birkenrinde von alten umgefallenen Bäumen gesammelt werden. Für einen alten Nudeltopf benötigt man so viel, dass der gesamte Topf vollgestopft ist. Das können gut und gerne zwei große Tragetaschen voll mit Rinde sein. Nur die äußere Rinde wird benötigt, also die weiße, dünne, leicht abschälbare Rinde.

Der Deckel des Topfes hat meist einen Knopf zum Halten. Schraubt man diesen ab, hat man ein Loch darin. Hat der Deckel kein Loch, müsste mittig ein Loch von etwa 6–8 mm Durchmesser hineingebohrt werden.

In einer alten Blechdose wird der Birkenkleber verflüssigt. Er lässt sich mit einem spitz zugeschnitzten Ast ganz fein auftragen.

Mach nun deine (kalte) Feuerstelle schön sauber und eben. Grabe ein Loch in der Mitte, in das die alte Dose gestellt wird. Die Dose muss bündig mit der Erde abschließen und ringsum schön mit Erde befüllt sein. Die Dose dient zum Auffangen des Pechs.

Stopfe den Topf richtig voll und fest mit der Birkenrinde. Nun wird das Drahtgeflecht über die Birkenrinde gelegt, bevor der Deckel aufgesetzt wird. Es dient dazu, dass die Birkenrinde das Loch beim Brennvorgang nicht verstopft. Dann den Deckel mit dem kleinen Loch genau mittig auf die Dose setzen. Den Topf umdrehen und in die Feuergrube stellen. Der Deckel sitzt unter dem Loch der Blechdose als Auffanggefäß für das Birkenpech.

Der Deckel um den Topf muss luftdicht verschlossen und der ganze Topf fixiert werden. Das erreicht man gut, indem man feuchten Lehm komplett um den Deckel streicht und fest andrückt. Je mehr Lehm du drum herumstreichst, umso besser hält es und umso luftdichter ist es – das ist sehr wichtig!

Nun wird viel Brennholz um den Topf aufgebaut, sodass du ein großes Feuer entfachen kannst. Du wirst noch einige Male nachlegen müssen, das Feuer sollte etwa eine Stunde brennen.

Ist das Feuer erloschen und der Topf erkaltet, kannst du den gebrannten harten Lehm abklopfen, den Topf entfernen und dein Ergebnis in der Metalldose begutachten.

Die Blechdose ist, wenn es gut geklappt hat, bis zu einem Drittel mit schwarzem Birkenöl gefüllt.

Dieses Birkenöl wird nun auf kleiner Flamme oder an der Seite eines Lagerfeuers mit etwas Glut erhitzt, aber nicht zum Kochen gebracht!

Unter Beimischung von sauberer Asche – aus verkohlter, klein geriebener Rinde – und unter ständigem Rühren entsteht eine sämige Masse. Diese Masse ist nach einigen Stunden fertiger Birkenkleber. Das lange Rühren unter Hitze ist wichtig, um die restliche Feuchtigkeit aus der Masse zu ziehen. Je sorgfältiger man dies macht, desto besser wird der Kleber. Wenn du deine Hände richtig schön nass machst, kannst du dir mit den Händen einen kleinen länglichen Kloß davon kneten. Ist dieser erkaltet, wird er steinhart. Wenn du nun Kleber brauchst, erhitzt du eine Stelle davon zum Beispiel an einer Kerze und klebst damit.

Du kannst aber auch einfach kurze Holzstücke nehmen und auf der einen Seite den Kleber durch Drehen und Rühren auf das Holzstück geben (siehe Fichtenharzsticks, Seite 88).

Wichtig! Es entstehen giftige Dämpfe beim Erhitzen des Birkenöls. Diese nicht einatmen.

Pfeil und Bogen

Bogenbau

Vorab werden die verwendeten Fachbegriffe erklärt: Der Bogen besteht aus dem »Bogenrücken« (das ist die Seite, die beim Schießen vom Schützen weg zeigt), dem Bogenbauch (die Innenseite, die zum Bogenschützen hin zeigt und bearbeitet wird), dem Griff und den beiden Bogenenden, die die Sehne halten.

Wir suchen uns einen grünen Haselnussast, etwa so groß wie das Kind, möglichst gerade, etwa eineinhalb bis zwei Männerdaumen dick und ohne Verastungen (Knospen dürfen sein).

Wir beginnen in der Mitte des Rohlings mit dem Griffbereich.

Etwa eine Kinderhand breit mittig markieren plus etwa 1 cm Zugabe auf beiden Seiten. Ab dem jeweiligen Griffbereichsende wird nun das Holz auf der Bauchseite bis zur Mitte abgeschnitzt (bei Hasel = Markröhre), doch ab der Bogenendenverjüngung (letzte 8–10 cm vor dem Bogenende) etwas dicker lassen (2–3 mm), damit sich der letzte Bereich nicht mitbiegen kann.

Der Bogen biegt sich nur zwischen Griffende und Anfang der Enden! Die andere Seite des Bogens auf der Bauchseite genauso bearbeiten. Achtung: Nicht verdrehen – sonst entsteht ein Propeller!

Nun haben wir den oberen und unteren Wurfarm des Bogens jeweils auf der Bauchseite bis zur Mitte des Astes abgeschnitzt.

Jetzt wird seitlich, etwa 8–10 cm vor dem Ende des Astes/Wurfarms, das Holz in einem schönen Verlauf auf etwa 1 cm Breite am Ende verjüngt. Hier wird der Bogen etwas schmaler, um die Sehne einhängen zu können. Die beiden Enden sollen gerade noch steif bleiben, aber möglichst schlank sein. Wieder beide Seiten gleichmäßig bearbeiten. Arbeite an diesen Verjüngungen seitlich jeweils die Sehnenkerben aus.

Die Sehnenkerben werden 45 Grad schräg vom Bogenrücken, in Richtung Bogenbauch auf die Mitte zu eingeschnitzt; die Kerben dürfen nur seitlich angebracht werden. Bogenrücken und Bogenbauch bleiben unberührt! Besonders der Bogenrücken muss durchgehend erhalten bleiben und darf nicht verletzt werden.

Im Bild links oben ist der Markkanal deutlich sichtbar. Er dient als Orientierungshilfe zum gleichmäßigen Abtragen des Holzes.
Der Griffbereich sollte etwa eine Kinderhand breit sein.
Die Schlaufe der Sehne wird in die Kerbe eingehängt – nun kann der Bogen gespannt werden und ist schussbereit.

Sehne
Eine Paketschnur abmessen: die doppelte Länge des Bogens. Die Schnur abschneiden und an einem Ende eine Schlaufe binden. Die Schlaufe in die Sehnenkerbe einhängen und mit Spannung zum anderen Bogenende halten. Dann eine zweite Schlaufe 8–10 cm vor dem Bogenende binden. Diese Sehnenverkürzung von 8–10 cm gegenüber dem Maß von Kerbe zu Kerbe ergibt dann die Biegung des Bogens, wenn er gespannt wird – man nennt das in der Fachsprache die »Standhöhe«.

Weiter mit dem Bogen
Wir legen die Sehne zur Seite und biegen den Bogen vorsichtig. Dafür setzt du dich hin, nimmst den Bogen mit beiden Händen an den Bogenenden und ziehst/drückst den Griffbereich über das Knie. Beginne vorsichtig zu ziehen und verstärke allmählich den Druck. Der Bogen sollte sich gleichmäßig und so weit biegen, dass die Sehne sich mit beiden Schlaufen leicht einhängen lässt.

Wenn die Wurfarme sich nicht gleichmäßig biegen lassen, sollte an den steifen Stellen noch etwas abgeschnitzt werden, bis sich der Bogen gleichmäßig biegen lässt. In der Fachsprache spricht man vom »Tiller« – einem gleichmäßigen Bogen an beiden Seiten.

Der Griffbereich muss dabei steif bleiben und kann nach eigenem Empfinden seitlich etwas abgeflacht und abgerundet werden.

Die doppelte Schnur/Sehne bindet man etwas oberhalb der Mitte mit einer dünnen Schnur

zusammen, und zwar genau an der Stelle, an der später der Pfeil eingenockt wird.

Die eine Hand hält den Bogen in der Mitte, auf der der Pfeil aufgelegt wird. Im rechten Winkel dazu ist der richtige Punkt dieser Markierung an der Sehne. In der Fachsprache spricht man vom Nockpunktbegrenzer. Der Pfeil liegt beim Schuss immer auf der Sehne an dieser Stelle an.

Der Bogenbauer wählt Haselnussholz, es biegt sich gut; er orientiert sich an der Markröhre des Holzes. So arbeitet er von Schnitzbeginn an gleichmäßig an beiden Wurfarmen. Die Zugkraft des Bogens richtet sich nach der Kraft des Kindes. Dabei ist entscheidend, wie viel Holz von den Wurfarmen, am Bogenbauch, abgeschnitzt wird. Ist der Bogen noch zu steif, wird weiter gleichmäßig auf beiden Seiten am Bauch der Wurfarme Holz abgenommen.

Der Bogenrücken bleibt immer unversehrt, damit keine Bruchstelle beim Biegen entstehen kann. Holz wird stets nur am Bogenbauch abgeschnitzt.

Pfeilbau

Was ist wichtiger für einen guten Bogenschützen, der Bogen oder der Pfeil? Diese Frage inspiriert, und mit Begeisterung werden Überlegungen angestellt.

Ich erzähle den Kindern dann von Ötzi, dem Mann aus dem Eis, der seine Pfeile aus Hartriegel und dem Wolligen Schneeballstrauch gefertigt hat, weil diese Äste besonders gerade wachsen.

MATERIAL

- **Ast von Hartriegel, Haselnuss oder Wolligem Schneeball**
- **Holunderast**
- **3 Federn**

Die Länge des Pfeils richtet sich nach dem sogenannten Auszug des Kindes, und der Pfeilschaft sollte etwa 7–8 cm lang sein. Eine gute Abmessmethode ist die folgende: Falte deine Hände und strecke deine Arme dabei gerade nach vorne. Der Pfeil sollte so lang sein wie das Maß von deinem Brustkorb bis zu den ausgestreckten Fingerspitzen.

Wir sägen zunächst vom Holunderast ein etwa 3 cm langes Stück ab und höhlen das Mark mit einem geeigneten Gegenstand aus.

Die Federn am Ende des Pfeils sorgen für einen stabilen und zielgenauen Flug.

Vom Hartriegel suchen wir uns das dickere Ende des Astes und schnitzen nach Länge des Holunderstücks ab, bis wir das Holunderstück daraufstecken können, sodass es fest sitzt. Dies ist die »Spitze« des Pfeils.

Die Nocke des Pfeils, die Stelle, mit der der Pfeil auf die Sehne gesteckt wird, wird am anderen Ende vorsichtig eingesägt.

Die Federn werden nun vorbereitet. Es wird jeweils immer nur eine halbe Feder genutzt. Das bedeutet, es werden entweder drei rechts gewundene Federseiten oder drei links gewundene Federseiten verwendet.

Trenne die Feder in der Mitte des Schaftes mit einem scharfen Messer vorsichtig auf, sodass du die eine Seite unbeschädigt verwenden kannst.

Wir brauchen etwa 7–8 cm der Federlänge, deshalb schnitzen wir die Federnfahne so ab, dass hinten und vorne etwa 1 cm des Schaftes ohne Federfahne stehen bleibt. Hier können wir dann die Wickelbefestigung anbringen.

Die Federn werden so an den Schaft angebracht, dass hinten bis zur Nocke etwa 2–3 cm des Schaftes unbefiedert bleiben. Wickle mit einer Paketschnur etwas lockerer ein paar Mal um den Schaft. Dann stecke die Federn gleichmäßig verteilt (jeweils ein Drittel Abstand) in die Wicklung, zieh dann die Wicklung straffer und befestige sie. Das Gleiche machst du auf der Seite, die zur Nocke zeigt. Die Federn sitzen nun schön auf dem Pfeil und werden an beiden Enden mit einer straffen Wicklung fixiert. Die drei Federn stabilisieren den Pfeil im Flug, damit er schön in die von dir anvisierte Richtung fliegt.

Pfeilspitze aus Holunder

Die Pfeilspitze vorne ist schwerer, damit der Pfeil gut fliegt. Eine Holunderpfeilspitze ist nicht so gefährlich wie eine echte Spitze!

Aber Achtung! Dennoch kann man mit einem wuchtig geschossenen Pfeil jemandem Verletzungen zufügen.

Schwert

Für ein Kind ist ein Ast ein Heiligtum. Äste und Stöcke sind wertvolles Spielmaterial für Kinderseelen, sie erfüllen viele Bedeutungen zum Sammeln, Verbauen, Werfen, Schlagen, Klopfen. Und ein Schwert ist nicht einfach nur ein Schwert, es ist ein veredelter Ast.

MATERIAL

- **1 dicker Weidenast (3–4 cm)**
- **1 dünnerer Ast für den Querholm am Griff**
- **Säge**
- **Schnitzmesser**
- **Bohrmaschine (Erwachsener)**

Lass etwa 15 cm des Weidenastes für den Griffbereich stehen. Den Rest des Holzes schnitzt du so ab, dass eine Schwertklinge entsteht.

Bohre mit einem möglichst großen Bohrer ein Loch quer durch das Holz, und zwar an der Stelle, an der der Griff in die Klinge übergeht.

Schnitze den Querast so zurecht, dass er stramm durch das Loch geschoben werden kann und der Ast fest sitzt. Gut ist es, wenn du den Griffast etwas einklopfen musst, damit er auch wirklich sicher hält.

Öllicht

In den Wintermonaten gibt es nicht mehr so viele Sonnenstunden täglich, und es wird bereits am Nachmittag dunkel. Wir freuen uns auf die gemütliche Zeit, sitzen zusammen, erzählen Geschichten und singen besinnliche Lieder.

Vom Sommer übrig geblieben, standen einige Gläser mit Blechdeckel für Trinkhalme im Regal. Im Sommer waren sie nützlich für Getränke ohne »Insektenzutat«. Da hatten wir die Idee, sie für die Winterzeit als Öllampen umzubauen. Es entstanden wunderschöne Öllichter mit Tannenzweigen, Baumrinden, kleinen Zapfen und getrockneten Blüten. Eine Öllampe erzeugt ein warmes Licht und verbreitet den Duft des Waldes und der Natur.

MATERIAL

- **Glas mit Schraubdeckel mit Öffnung für Trinkhalm aus Blech**
- **Naturmaterialien**
- **Pflanzenöl, (z. B. Sonnenblumenöl oder Rapsöl)**
- **ein Stück Metallrohr mit passendem Gewinde und Mutter, falls der Deckel keine Öffnung hat und diese erst hineingebohrt werden muss**
- **ein Stück Stoff aus einem alten T-Shirt für den Docht oder fertigen Docht**
- **evtl. Bohrmaschine**

Öllichter sehen auch wunderschön aus, wenn sie mit getrockneten Blüten befüllt werden. Nadelzweige und Zapfen verbreiten beim Abbrennen einen herrlichen Waldduft.

Befülle dein Glas etwa bis zur Hälfte mit Materialien aus der Natur und gieße das Glas bis zum Rand mit Pflanzenöl auf. Wenn der Deckel noch keine Öffnung hat, bohre ein Loch durch, sodass du das Metallrohr mit dem Gewinde befestigen kannst.

Schneide ein längeres Stück vom Stoff ab und drehe es so ein, dass du es durch das Metallrohr schieben kannst. Genauso schiebst du den fertigen Docht durch die Öffnung. Der Docht sollte so lang sein, dass er bis auf den Grund des Glases reicht.

Schraube den Deckel gut fest.

Nun muss der Docht einige Stunden mit dem Pflanzenöl getränkt werden, bevor du dein Öllicht anzünden kannst.

Lass das Öllicht niemals unbeaufsichtigt brennen!

Wildes grünes Kräuterhandwerk im Winter

Räucherkugel

Schon in den Feuerstellen der Steinzeithöhlen hat man Kräuterreste gefunden und erforscht, dass das Verräuchern von Kräutern zum Leben der Menschen gehörte. Die Menschen räucherten für Schutz, gute Atmosphäre und weil sie sich von dem guten Duft in andere Welten tragen lassen wollten. Unsere Familie hat einmal den Jahreswechsel auf einem Bauernhof in den Bergen verlebt. In dem alten Bauernhaus wohnten wir mit den Kühen Tür an Tür, wir fühlten uns in frühere Zeiten zurückversetzt. In den Raunächten, also in den heiligen Nächten zwischen dem 25. Dezember und dem 6. Januar, ging die Bauersfrau jeden Abend mit einem Pfännchen, in dem Kräuter dampften, durch das Haus. Sie war dabei sehr andächtig und still und erschuf mit ihrem täglichen Räucherritual auch für uns eine ganz besonders magische Atmosphäre.

Wir stellen Räucherkugeln her, die eine Zeit aufbewahrt werden können und dann auf einem Stövchen mit Sieb und einem Teelicht als Wärmequelle ihren wunderbaren Duft verbreiten.

MATERIAL
- **Kräuter und Harze**
- **2 EL Mehl**
- **1–2 Tassen Wasser**
- **1 EL Zucker**
- **1 Topf**
- **1 Rührlöffel**
- **Mörser**
- **Wärmequelle**

Zunächst wähle deine Kräuter und Harze für die Räucherkugeln aus und mörsere sie fein.

Stelle sie zur Seite und rühre den Naturkleber an: Dafür verrühre in einem Topf das Mehl mit einer halben Tasse Wasser klumpenfrei und rühre eine weitere halbe bis ganze Tasse Wasser hinein.

Erhitze die Masse unter Rühren, bis ein dicker Brei entsteht. Lass den Zucker einrieseln und rühre weiter. Wenn alles gut verrührt ist, lass die Masse abkühlen.

Nun kannst du den Naturkleber mit deinen ausgesuchten und fein gemörserten Kräutern vermischen, etwa ein Teil Klebstoff und drei Teile Kräutermischung.

Forme Kugeln und lasse diese auf einem Holzbrett trocknen und aushärten.
Du kannst die Kugeln auf einem feuerfesten Untergrund oder in einem Räuchermännchen anzünden. Auf einem Stövchen mit Sieb, oder in der Glut kannst du die Kugeln langsam verduften lassen.

Waldläufer-Haustee

Die Sammelfreude meiner Kinder hat uns immer einen riesigen Vorrat an getrockneten Kräutern, Blüten, Beeren und Obstschalen beschert. In der dunkleren Jahreszeit, wenn keine frische Ernte mehr eingebracht werden kann, freuten wir uns immer umso mehr über die vielen Schätze in unseren Vorratsdosen.

Im Winter wurden daraus spezielle Teekreationen. Wintertees, mit Zimtstangen, Anissternen und Nelken verfeinert, schmecken nach Behaglichkeit und Sternenzeit. Für einen Früchtepunsch wird der Wintertee einfach mit Orangen- oder Beerensaft aufgegossen.

Hustenkaramellen für brüllende Dachse

Die beiden grünen Brüder, den Spitzwegerich und den Breitwegerich, haben wir schon übers Jahr kennengelernt und verarbeitet. Sie wachsen das ganze Jahr über und sind oft auch unter der Schneedecke zu finden. Der Spitzwegerich mit seinen desinfizierenden und antiviralen Inhaltsstoffen ist eine wichtige Heilpflanze für Hals- und Rachenerkrankungen. Hagebutten reichern die Hustenkaramelle noch mit Vitamin C für unsere Abwehrkräfte im Winter an. Eigene leckere Karamellbonbons zu kochen, ist eine willkommene Beschäftigung für die Draußenzeit am Feuer und versüßt eisige und graue Wintertage.

ZUTATEN

- **2 Handvoll Spitzwegerich**
- **4 klein gehackte Hagebutten**
- **200 g Zucker**
- **1 kleiner Topf**
- **1 Kochlöffel**
- **1 Bogen Backpapier**

Spitzwegerich verlesen und ganz klein schneiden. Hagebutten entkernen und klein schneiden.

Spitzwegerich und Hagebutten im Topf vermischen und mit ganz wenig Wasser einkochen. Zucker einrieseln lassen und unter Rühren aufkochen, bis der Zucker karamellisiert. Ständig rühren ist sehr wichtig, da der Zucker leicht anbrennt. Wird der Zucker braun, ist er karamellisiert. Nun werden vorsichtig kleine Häufchen auf das vorbereitete Backpapier gegossen. Wenn die Karamellhäufchen abgekühlt sind, kann sich jeder kleine Kugeln formen.

Blubberkräuterkugeln

Sprudelnde Badekugeln mit getrockneten Kräutern des Sommers möchten alle! Uns gehen die Zutaten nie aus, denn die Herstellung ist kinderleicht, und »Blubberkräuterkugeln« sind ein tolles Geschenk!

MATERIAL

- **100 g Kokosöl (Bioladen)**
- **200 g Natron**
- **100 g Zitronensäure (Apotheke)**
- **50 g Maisstärke**
- **50 g Kräuter, zerrieben**
- **2 Schüsseln (1 davon Metall oder Porzellan)**
- **1 Topf, in den die Schüssel aus Metall oder Porzellan passt**
- **1 Kochlöffel**
- **1 Teller oder Brett**

Das Kokosöl im Wasserbad schmelzen oder an einem warmen Ort, zum Beispiel in der Nähe eines Feuers.

Alle anderen Zutaten rührst du in einer Schüssel mit einem Kochlöffel gut durch.

Danach schüttest du das flüssige Kokosöl in die Mischung und rührst gut, bis eine Teigmasse entsteht. Jetzt kannst du mit den Händen Kugeln formen.

Einige Stunden aushärten lassen.

Rosarote »Blubberkräuterkugeln« bekommst du, wenn du einige Tropfen Holunderbeerensirup oder Saft von Roter Bete darunterrührst.

Der Balsam duftet wunderbar nach Wald und Harz und behält seinen Geruch auch, wenn er fest geworden ist.

Waldbalsam

Auf einem schmalen Pfad durch eine Fichtenschonung bemerkten die Kinder sofort die vielen Verletzungen an den Baumstämmen auf Augenhöhe. Aus jeder Wunde lief Harz, und die Kinder überlegten, woher die Verletzungen stammen könnten. Sie hatten schnell eine Erklärung und meinten, der Traktor der Waldarbeiter sei zu breit für den schmalen Weg und hätte die Stämme verletzt. Aber zum Glück sind die Bäume mit einem eigenen Wundheilmittel ausgestattet, ihrem Harz, womit sie die Wunden verschließen können, um wieder zu heilen. Und das Beste am Baumharz ist, es heilt auch unsere Wunden auf der Haut!

MATERIAL

- **1 Teil Fichtenharz**
- **2 Teile Olivenöl**
- **1 Teil Bienenwachs**
- **2 Töpfe**
- **1 Sieb**
- **1 Löffel**
- **Feuer oder andere Wärmequelle**
- **Gläser mit Schraubdeckel oder gereinigte Cremedosen**

Praktisch ist es, wenn das Sieb in den Topf passt und das Fichtenharz direkt hineingegeben werden kann. So werden Pflanzenteile im Harz gleich ausgesiebt. Allerdings rühren Kinder gerne, und ich finde es schöner, alles im Topf zu erhitzen und danach abzuseihen.

Erhitze das Fichtenharz im Olivenöl. Rühre dabei ständig und achte darauf, dass es nicht kocht! Wenn beides verflüssigt ist, siebe es ab. Nun gibst du das Bienenwachs in das Fichtenharzöl und lässt es auf der Wärmequelle schmelzen, rühre dabei gut um. Wenn alles flüssig ist, füllst du den Waldbalsam in saubere Gläser. Bevor du die Gläser verschließt, lass den Waldbalsam abkühlen!

Wilder grüner Kräuterhandwerks-Tipp
Bist du dir nicht sicher, ob dein Waldbalsam mit der verwendeten Menge Bienenwachs fest wird, mache es wie beim Marmeladekochen: Nimm ein wenig von der Flüssigkeit auf einen Teller und prüfe, ob sie fest wird!

Wilde Werkstattküche im Winter

Walnusskartoffeln

Nussbäume wachsen oft wild im Wald oder in der Nähe von Streuobstwiesen, und reife Walnüsse lassen sich getrocknet den Winter über gut lagern. Die Walnuss ist schmackhaft und gesund und verfeinert viele Gerichte am Lagerfeuer.

ZUTATEN

- **Kartoffeln**
- **Walnüsse**
- **Lauch**
- **Bratöl**
- **Salz**
- **Muurikka-Pfanne oder große Pfanne**
- **1 großer Kochlöffel**

Kartoffeln waschen und mit der Schale in Pommesform oder kleine Schiffchen schneiden.

Walnüsse knacken und mit einem Stein etwas zerkleinern. Wasche den Lauch und schneide dünne Ringe.

Die an Bachufern das ganze Jahr über wachsende Brunnenkresse ist ein Anzeiger für sauberes Gewässer.

Kartoffeln unter Rühren in der Pfanne mit Bratöl goldbraun rösten, gib die Lauchringe dazu und dünste alles an. Wenn die Kartoffeln gar sind, gib die Walnüsse dazu und lass sie noch etwas erhitzen. Zum Schluss schmeckst du das Gericht mit Salz ab.

Brunnenkresse-Quark

Wasserplätze üben zu jeder Jahreszeit ihren Reiz aus. Suchen Sie mit Kindern so oft wie möglich solche Plätze auf und beobachten Sie die Elemente der Jahreszeiten. Lassen Sie kleine Rindenschiffchen im Frühling fahren, matschen Sie im Sommer ausgiebig, bemalen Sie sich und die Kinder mit Schlamm, bauen Sie im Herbst Staudämme und Brücken und beobachten im Winter die dünne Eisschicht auf dem Wasser oder suchen unter der Schneedecke am Ufer nach essbaren Kräutern.

ZUTATEN

- **Brunnenkresse**
- **Sahnequark**
- **Kräutersalz**
- **1 Schüssel**
- **1 Löffel**

Die Brunnenkresse solltest du unter fließendem Wasser oder direkt vor Ort am Bach von der Erde reinigen.

Gib den Sahnequark in eine Schüssel und zupfe die Blätter der Brunnenkresse hinein. Einige schöne Blätter zur Dekoration beiseitelegen. Alles gut verrühren und mit Kräutersalz würzen. Schmeckt sehr gut zu den Walnusskartoffeln.

Esskastanien sind in verschiedenen Zubereitungen ein leckerer Genuss.

Esskastanien

Durch Zufall entdeckten wir vier große Edelkastanienbäume mit reichlich Früchten. Wir luden unsere Taschen voll und marschierten zurück. Während einige ältere Kinder ein Feuer entzündeten, bereiteten wir die Maronen vor. Mit einem Messer schlitzten wir sie kreuzförmig ein und gaben sie in eine Pfanne zum Rösten. Als die Maroni aufplatzten, schälten wir sie und aßen die süßlich schmeckenden Edelkastanien genüsslich.

ZUTATEN

- **Maronen**
- **1 Messer**
- **1 Pfanne**

Seelenfutter

Porridge

Nach einer Nacht draußen im Zelt oder unter freien Himmel ist es in der kälteren Jahreszeit am Morgen wichtig, ein warmes Frühstück zu sich zu nehmen. Das warme Frühstück nährt Körper und Seele.

Die Glut des Lagerfeuers ist noch heiß genug, um mit ein wenig klein gehacktem Holz oder getrockneten Spänen schnell wieder ein Feuer zu entfachen. Fleißige Köche zu finden, ist auch kein Problem, denn den nahrhaften Haferbrei bereiten Kinder sehr gerne zu.

ZUTATEN

- **Äpfel**
- **Nüsse**
- **Nadelbaumsamen**
- **Haferflocken**
- **Rosinen**
- **Milch**
- **Zimt und Honig**
- **1 große Pfanne**
- **1 großer Kochlöffel**

Äpfel entkernen und in dünne Scheiben schneiden, zur Seite stellen.

Die Nüsse und Nadelbaumsamen röstest du in der trockenen Pfanne unter ständigem Rühren an, bis es gut duftet. Haferflocken und Rosinen dazugeben, gut verrühren und nun langsam mit Milch aufgießen, bis ein Brei entsteht.

Garniere den Porridge mit den Apfelschnitzen und bestreue diese mit Zimt. Mit einem Löffel verteilst du noch großzügig Honig darauf.

Variante

Äpfel und Rosinen in Druidenmus (siehe Seite 128) einlegen und vor dem Servieren über den Brei geben.

Schokobananen – für viele Kinder eine Lieblingsnascherei aus dem Feuer.

Schokobananen

»Schoinane« nannte sie unser Sohn, als er noch kaum sprechen konnte, aber genau wusste, die süßeste und leckerste Nachspeise aus dem Feuer sind die warmen Bananenschiffe mit Schokoladenstücken darin.

ZUTATEN

- **Bananen**
- **Zartbitterschokolade**
- **Teller und Löffel**

Bananen aufschneiden und mit zwei bis drei Schokoladenecken füllen. Die Bananen in die Glut stellen.

Wenn die Schale dunkel wird und die Schokolade geschmolzen ist, sind die Schokobananen fertig.

Kartoffelgulasch

»Dann mach ich doch am besten Gulasch aus den Resten ...«

Nach einer Winterwanderung im Schnee oder einer stürmischen Schlittenfahrt haben alle einen Bärenhunger. Während ein wärmendes Feuer entzündet wird, an dem alle zusammenkommen, um sich zu wärmen, wird aus den Gemüseresten, die jeder von daheim mitgebracht hat, nebenher ein leckeres Gulasch zubereitet.

ZUTATEN

- **4 Karotten**
- **2 Stangen Lauch**
- **4 Zwiebeln**
- **3 kg Kartoffeln**
- **Wintergemüse wie Rotkohl, Rosenkohl, Pastinaken, Rüben, Fenchel usw.**
- **frische Kräuter, falls vorhanden: wilder Oregano, Spitzwegerich, junger Bärenklau, Wilde Möhre je 2–4 Stängel**
- **hoch erhitzbares Bratöl**
- **2 Flaschen Tomatensauce**
- **ca. 2 EL Salz**
- **1 EL grober Pfeffer**
- **1 EL Chiliflocken**
- **etwas Wasser**
- **1 großer Kessel, Dreibein und Hängevorrichtung für den Kessel**
- **langstieliger Kochlöffel**

Karotten und Lauch waschen und würfeln, die Zwiebeln schälen, ebenfalls würfeln und alles in eine Schüssel geben.

Die Kartoffeln waschen und mit der Schale in Würfel schneiden.

Das Wintergemüse waschen, putzen, nicht zu klein würfeln und in eine Schüssel geben.

Die Kräuter kannst du klein schneiden oder zupfen und zum Wintergemüse in die Schüssel geben, gut vermischen.

Hänge den Kessel über das Feuer und erhitze darin etwas Bratöl. Gib Zwiebeln, Karotten und Lauch hinein und lass diese goldbraun anbraten. Immer gut umrühren!

Jetzt die Kartoffeln hinzugeben und weiter andünsten. Sollte das Feuer zu heiß sein, kannst du etwas Wasser aufgießen, damit die Kartoffeln und das Gemüse nicht anbrennen.

Kartoffelgulasch, direkt aus dem Kessel gemeinsam am Lagerfeuer gegessen, nährt Leib und Seele und stärkt das Gemeinschaftsgefühl.

Tomatensauce hinzugeben und gut umrühren! Etwas einkochen lassen.

Nun gibst du Wintergemüse und Kräuter in den Topf und rührst nochmals kräftig um.

Alles gar kochen lassen. Falls zu wenig Flüssigkeit im Kessel ist, noch die benötigte Menge Wasser nachgießen.

Mit den Gewürzen abschmecken und direkt aus dem Kessel am Feuer servieren.

Das Kartoffelgulasch ist vegan. Für Fleischesser kannst du geräucherte Würstchen oder Wiener dazu servieren.

Wilder Werkstattküchen-Tipp
Feuer entzünden, ein wenig abbrennen lassen, sodass die Flammen den Kesselboden berühren. Achtung: Kochen am Feuer erfordert ein wenig Erfahrung bezüglich der Größe des Feuers, Holzart und Kesselvolumen. Wichtig ist auch, an einen langen Kochlöffel zu denken, denn es kann sehr heiß werden. Ich stelle mir immer alle Zutaten und Kochutensilien in Reichweite.

Danksagung

Ich beginne jeden neuen Morgen mit einer Danksagung an die natürliche Welt. Dabei beziehe ich die Tiere, Bäume, Pflanzen und die gesamte Schöpfung mit ein. Durch das Gefühl der Dankbarkeit breitet sich in mir ein innerer Frieden aus, und ich fühle mich fest eingewoben in dem Netz des Lebens und getragen in der Gemeinschaft mit anderen Menschen.

Nur so konnte auch dieses Buch entstehen, dank eigener Erfahrungen und der vielfältigen Beziehungen mit vielen unterschiedlichen Menschen und Aufenthalten in der Natur und Begegnungen in Gemeinschaften, die auf demselben Herzensweg sind.

So möchte ich zunächst meinem besten Freund und Lebenspartner Christian danken, der mein größter und geduldigster Unterstützer, Ermöglicher und Mutmacher an meiner Seite und in meinem Leben ist.

Danken möchte ich meiner Familie und meinen Kindern, durch deren Sein ich heute die geworden bin, die ich bin. Besonders meinem Großvater und meinen Eltern, die mir mit ihrem Bewusstsein und dem Vertrauen in mir eine wunderbare Kindheit schenkten, die in mir heute in der Beziehung zu meinen Kindern und in der Begleitung von anderen Kindern nachwirkt und stetig wachsen darf.

Ebenso verneige ich mich in großer Dankbarkeit vor unseren Ahnen und all den Menschen, die vor uns hier waren und für uns ihr Wissen und ihre Fertigkeiten entdeckten, verfeinerten, bewahrten und weitergaben.

Besonders danken möchte ich all meinen Lehrerinnen und Lehrern, die mit mir ihr Wissen teilten, mich begleiten und führen. Der wachsenden Familie der Wildnisgemeinschaft und Naturalisten und dem Netz dieser Bewegung, an dem ich mitweben darf.

Und allen Kindern unserer Naturmentoring-Gruppen ist ein riesengroßes Dankeschön gewiss, denn ohne sie wäre die Idee zu diesem Buchprojekt nicht entstanden.

Dem möchte ich gleich einen Dank an die Mitarbeiter des AT Verlags anschließen, die vielen fleißigen Köpfe und Hände, die dieses Buch herausbringen und mir dafür den Anstoß gaben.

Mit Sicherheit würde ich noch viele, viele Menschen einbeziehen können, die irgendwie auf eine Art und Weise dazu beigetragen haben, dieses Buch zu schreiben. In meinen Danksagungen und in meinem Herzen wurden sie alle gebührend erwähnt.

Nun können Sie sich auch vorstellen, wie meine tägliche Morgenroutine aussieht …

Die Autorin

Sabine Simeoni ist Wald- und Wildnispädagogin, Naturmentorin, Yogalehrerin, Autorin und ausgebildet in traditioneller Phytotherapie, Mutter von drei Kindern und Großmutter. Sie schafft gemeinsam mit ihrem Ehemann Christian einen Raum für Wildnis- und Naturbegegnungen in Form von Workshops, Seminaren und Gemeinschaft in Oberfranken/Bayern. Ihre Vision ist es, Menschen aller Generationen ursprüngliche Werkzeuge und Techniken anzubieten und sie durch einfühlsames Begleiten in ihren persönlichen Fähigkeiten zu stärken und die Beziehung zur Natur nachhaltig zu vertiefen.

simeoni.de

Ebenfalls im AT Verlag erschienen

Sabine Simeoni
Mit der Natur verbunden
Mit wildem Handwerk
zu den eigenen Wurzeln finden

4. Auflage, 2022

AT Verlag AG, Aarau und München
Lektorat: Asta Machat, München
Fotos: Sabine Simeoni, www.simeoni.de
Grafische Gestaltung und Satz: AT Verlag
Druck und Bindearbeiten: Firmengruppe Appl,
aprinta druck Wemding
Printed in Germany

ISBN 978-3-03800-959-7

www.at-verlag.ch

Der AT Verlag wird vom Bundesamt für Kultur
für die Jahre 2021–2024 unterstützt.